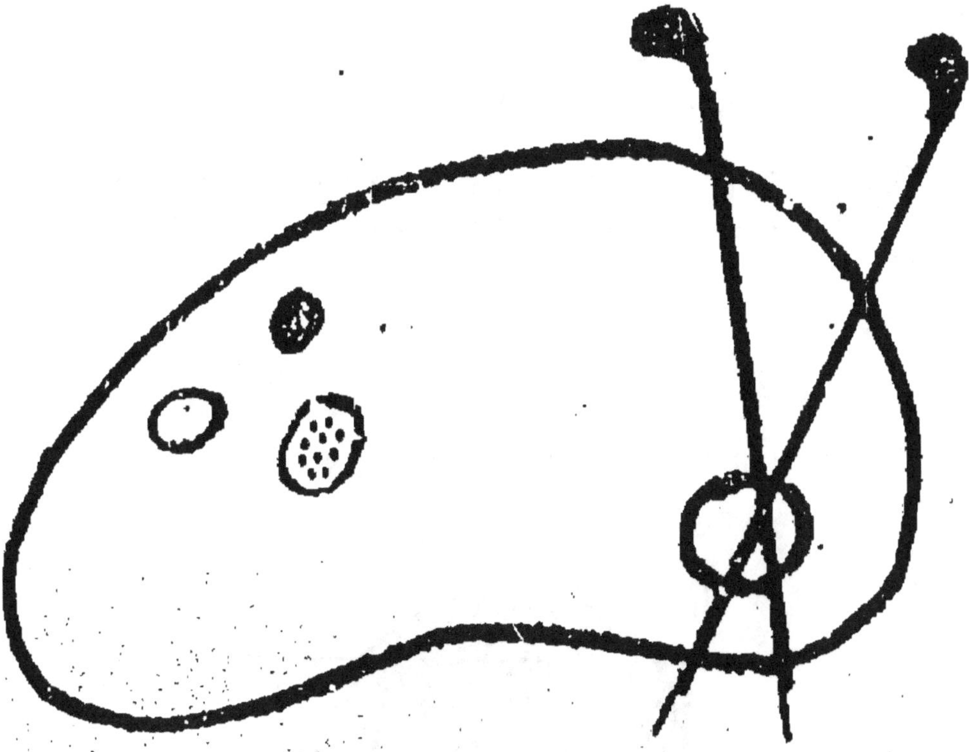

Couvertures supérieure et inférieure en couleur

ARSÈNE HOUSSAYE

LES MILLE ET UNE
NUITS PARISIENNES

IV

LA DAME AUX DIAMANTS

PARIS
E. DENTU, ÉDITEUR
17 ET 19, GALERIE D'ORLÉANS, PALAIS-ROYAL
—
1875
Tous droits réservés.

LES MILLE ET UNE NUITS PARISIENNES

TOME I. — LE MARQUIS DE SATANAS. — LA DESCENTE AUX ENFERS PARISIENS. — UN ANGE SUR LA TERRE. — M. PAUL ET Mlle VIRGINIE. — LE PÉCHÉ DE JEANNE D'ARMAILLAC.

TOME II. — LA CONFESSION DE CAROLINE. — LE COUP D'ÉVENTAIL. — LES NOCTAMBULES. — CES DEMOISELLES ET CES DAMES. — SŒUR AGNÈS. — LES AVENTURES DE JEANNE D'ARMAILLAC.

TOME III. — LA PRINCESSE AU GRAIN DE BEAUTÉ. — MADAME DON JUAN. — LADY LOVELACE. — L'ENLÈVEMENT DE DÉJANIRE. — LES ÉCLATS DE RIRE DE JEANNE D'ARMAILLAC.

TOME IV. — LA DAME AUX DIAMANTS. — MORTE DE PEUR. — LES SACRIFICES. — PARADOXES NOCTURNES SUR LES FEMMES. — LE DERNIER AMOUR DE JEANNE D'ARMAILLAC. — LE JUGEMENT DERNIER.

4 volumes in-8. — Vingt gravures de HENRY DE MONTAUT. — 20 francs.

Édition sur papier de Hollande, 100 exemplaires numérotés, 40 fr.

LES GRANDES DAMES

Magnifique édition illustrée de vingt gravures et eaux-fortes par *La Guillermie, Morin, Léopold Flameng, Masson*, etc.

1 VOLUME GRAND IN-8°, VÉLIN ROYAL, 15 FR.

100 exemplaires sur papier teinté, gravures avant la lettre, 25 fr.; papier de Hollande, 40 fr.; papier de Chine, 50 fr.

(Les 12 éditions en 4 volumes sont épuisées et hors de prix.)

LES COURTISANES DU MONDE

4 vol. in-8° cavalier, illustrés de portraits et gravures par *La Guillermie, Bertall, Nargeot, Cucinotta, Carlo Gripp*.

PRIX, 20 FR.

GALERIE DU DIX-HUITIÈME SIÈCLE

La Régence. — Louis XV. — Louis XVI. — La Révolution.
10e édition. 4 vol. à 3 fr. 50.

ROMANS NOUVEAUX

La Femme fusillée, 2 vol., 10 fr. — *Le Roman des Femmes qui ont aimé*, 1 vol., 3 fr. 50. — *Tragique Aventure de Bal masqué*, 1 vol., 3 fr. 50. — *Histoire d'une Fille perdue*, 1 vol., 3 fr. 50. — *Mlle Trente-six vertus*, 1 vol. 3 fr. 50. — *Le Violon de Franjolé*, 1 vol. 3 fr. 50. — *Voyages romanesques*, 1 vol. 3 fr. 50. — *Les Cent et un Sonnets*, 1 vol. 3 fr. 50.

DE L'IMPRIMERIE EUGÈNE HEUTTE ET Cie, A SAINT-GERMAIN.

LES MILLE ET UNE

NUITS PARISIENNES

IV

DENTU, ÉDITEUR, PALAIS-ROYAL

LES MILLE ET UNE NUITS PARISIENNES.

Par l'Auteur des *Grandes Dames*

TOME I

LE MARQUIS DE SATANAS.
LA DESCENTE AUX ENFERS PARISIENS.
UN ANGE SUR LA TERRE.
DON JUAN VAINCU.
M. PAUL ET Mlle VIRGINIE.
LE PÉCHÉ DE JEANNE D'ARMAILLAC.

TOME II

LA CONFESSION DE CAROLINE.
LE COUP D'ÉVENTAIL.
LES NOCTAMBULES.
SŒUR AGNÈS.
CES DEMOISELLES ET CES DAMES.
LES AVENTURES DE JEANNE D'ARMAILLAC.

TOME III

LA PRINCESSE AU GRAIN DE BEAUTÉ.
MADAME DON JUAN.
LADY LOVELACE.
L'ENLÈVEMENT DE DÉJANIRE.
LES ÉCLATS DE RIRE DE JEANNE D'ARMAILLAC.

TOME IV

LA DAME AUX DIAMANTS.
MORTE DE PEUR.
LES SACRIFIÉES.
PARADOXES NOCTURNES SUR LES FEMMES.
LE DERNIER AMOUR DE JEANNE D'ARMAILLAC.
LE JUGEMENT DERNIER

Prix du volume, 5 fr. Envoi franco, 5 fr. 50.

DE L'IMPRIMERIE EUGÈNE HEUTTE ET Cie, A SAINT-GERMAIN.

LA DAME AUX DIAMANTS.

ARSÈNE HOUSSAYE

LES MILLE ET UNE
NUITS PARISIENNES

IV

LA DAME AUX DIAMANTS
MORTE DE PEUR
LES SACRIFIÉES
PARADOXES NOCTURNES SUR LES FEMMES
LE DERNIER AMOUR DE JEANNE D'ARMAILLAC
LE JUGEMENT DERNIER

PARIS
E. DENTU, ÉDITEUR
17 ET 19, GALERIE D'ORLÉANS, PALAIS-ROYAL
—
1875
Tous droits réservés.

LES
MILLE ET UNE NUITS
PARISIENNES

LIVRE XXI

POURQUOI MLLE D'ARMAILLAC ALLA A VENISE

LA PRINCESSE TROIS ÉTOILES.

I.

POURQUOI MADEMOISELLE D'ARMAILLAC
ALLA A VENISE.

Si vous n'avez jamais été jalouse, — madame, — si vous n'avez jamais traversé les passions, si vous n'y êtes jamais allée, même par l'esprit, fermez ce livre, car vous ne comprendriez pas jusqu'à quel degré de folie peut monter ou descendre une femme, dans la logique de son caractère, quand elle est prise par l'amour.

Mlle d'Armaillac avait fui sa mère et elle s'était fuie elle-même, croyant qu'elle allait oublier; voilà pourquoi elle courut chez une de ses amies, au couvent des dames de Saint-André.

Cette amie, qui n'aimait pas le monde, lui

avait écrit plus d'une fois que le rivage espéré était là, au pied de la croix, dans la prière et dans l'espoir en Dieu.

Le premier jour, Jeanne s'imagina qu'elle était sauvée ; elle eut de belles heures d'expansion sur le marbre de l'autel.

— Oui, disait-elle à son amie, c'est là le rivage, c'est là le refuge. Je n'ai trouvé dans le monde que les stations de la croix ; chaque station était une douleur cachée ; chaque espérance s'expie par des larmes. J'avais soif de vivre, maintenant j'ai soif de mourir ; je sens qu'il n'y a de bon sur la terre que l'âme, parce que l'âme c'est déjà le ciel.

Naturellement l'amie de Jeanne l'entraîna plus avant dans le renoncement au monde et lui peignit, sous les teintes les plus douces, la poésie du couvent, les fêtes de l'Église, la paix profonde du cœur. Jeanne embrassait son amie et la remerciait de l'avoir appelée chez les dames de Saint-André.

Mais vint la nuit ; toutes ces joies séraphiques s'évanouirent, Jeanne ne dormit pas ; ce n'était donc pas le rivage ? c'était toujours la tempête ; son cœur ne voulait pas le calme, il ne voulait vivre que dans l'orage; elle aurait beau le glacer sur le marbre de l'autel, elle ne pourrait l'éteindre parce que l'enfer était dans son cœur.

Le lendemain matin, quand elle vit son amie, elle lui avoua qu'elle ne se sentait pas digne d'un tel refuge.

— Pour toi, lui dit-elle, c'est la vie, parce que tu es tout en Dieu; pour toi, c'est déjà le paradis, tandis que pour moi, qui n'ai pas la force du repentir, je suis ici dans un tombeau. Si je pouvais mourir tout de suite, je m'envelopperais dans mon linceul avec un dernier adieu au monde, avec une aspiration vers Dieu; mais j'ai le tombeau sans avoir la mort, voilà pourquoi je soulève la pierre et je m'en vais.

Ce fut en vain que l'amie de Mlle d'Armaillac voulut la retenir par toute l'éloquence chrétienne.

Le soir, Jeanne montait dans un fiacre et disait au cocher de la conduire au chemin de fer de Lyon. Au lieu de retourner chez sa mère, elle voulait poursuivre son rêve et sa folie : elle voulait ressaisir, coûte que coûte, M. de Briançon à Venise.

Mais quand elle fut au chemin de fer, elle se reprit quelque peu à la raison. Comment irait-elle là-bas toute seule, à peu près sans argent, comme une échappée de Charenton? Au moment de payer son cocher, elle lui dit d'aller aux Champs-Élysées : elle voulait causer une dernière fois avec la princesse.

— Je vous attendais, lui dit sa belle amie, j'étais bien sûre que vous aimeriez encore mieux ma maison que la maison du bon Dieu.

Et, après avoir embrassé Jeanne, la belle Charlotte ajouta :

— Voyons, ma chère amie, revenez à vous et revenez à moi ; je vous pleurais en pensant que je ne pouvais pas vivre sans vous ; ne me faites plus de chagrin ni à moi, ni à votre mère ; à cela près, je ferai tout ce qui vous plaira.

— Eh bien! dit Jeanne, si vous voulez m'arracher à ma folie, si vous voulez que je ne m'ensevelisse pas au couvent, faites un voyage avec moi.

— Et où irons-nous?

— Dans une ville où on oublie, à Venise.

— D'où vous vient cette idée d'aller à Venise?

Mlle d'Armaillac ne confia pas sa lâcheté à la princesse, elle se garda bien de lui dire qu'elle voulait aller à Venise parce que M. de Briançon y avait été entraîné par Mlle Aubépine. Certes, la princesse n'eût pas consenti à être de moitié dans cette partie de plaisir, car elle n'avait pas aimé assez pour comprendre les douloureuses voluptés d'un cœur qui s'abreuve de larmes par le spectacle du bonheur des autres.

Aller à Venise, c'est un rêve romanesque qui prend tout le monde : pourquoi ne pas aller à Venise? N'est-ce pas faire un peu l'école buissonnière au milieu des ennuis de la vie? n'est-ce pas aller boire une heure d'ivresse dans les poésies du passé? L'Adriatique, San Marco, les gondoles, les pigeons, les légendes, n'est-ce pas tout un monde perdu et retrouvable?

— Eh bien! allons à Venise, dit la princesse qui ne voulait pas rester à Paris après les fièvres du grand prix.

Jeanne courut embrasser sa mère qui fut bien heureuse et qui lui permit de bon cœur de partir avec la princesse.

Quatre jours après, les curieux de la place Saint-Marc auraient pu s'amuser de cette petite comédie :

Un jeune Parisien prenait une glace devant le café Florian avec une plus jeune Parisienne qui était fort jolie et qui portait le bonheur sur sa figure. L'homme n'était pas si gai : une vague mélancolie passait sur son front, mais pourtant il semblait être de moitié dans le bonheur de celle qui souriait si gaiement.

On jugeait, à les voir, que c'étaient là deux voyageurs qui n'avaient pas hâte de retourner au pays natal.

Deux femmes voilées venaient d'arriver par la Piazzetta. Elles regardèrent un instant le palais ducal, la façade de San Marco et la place Saint-Marc où voletaient çà et là les pigeons. Elles entrèrent dans l'église; je ne crois pas qu'elles y prièrent beaucoup, car elles en sortirent presque aussitôt, impatientes dans leur curiosité de tout voir en arrivant.

Vous avez reconnu les deux dames.

Elles traversèrent la place. Mlle d'Armaillac, la première, vit Martial et Aubépine.

— Voyez! dit-elle à son amie. C'est à ne pas y croire!

La princesse ne reconnut ni Martial ni Aubépine, parce qu'elle n'avait pas les mêmes raisons pour les reconnaître.

— Eh bien! je vois un homme et une femme.

— Cet homme et cette femme, c'est M. de Briançon et Mlle Aubépine.

— Nous avons bien choisi notre temps, dit la princesse; voilà qui va nous gâter notre voyage; mais j'espère que vous êtes au-dessus de ces bagatelles.

Jeanne sourit pour cacher les battements de son cœur.

— Eh bien, ma belle, reprit la princesse qui aimait les coups de théâtre parce qu'elle était insatiable d'émotions, attaquons la bête par les cornes, allons nous-mêmes prendre une glace.

Disant ces mots, elle entraîna Mlle d'Armaillac.

Martial, qui tournait le dos et qui causait avec sa maîtresse, ne les vit pas venir, aussi sa surprise fut grande quand Aubépine lui dit :

— Des Parisiennes !

Il tourna la tête et vit arriver droit à lui la princesse et Jeanne.

Mlle d'Armaillac s'était laissé entraîner en croyant que la princesse ne casserait pas les vitres; mais dès que son amie fut à quatre pas de Martial, elle lui cria :

— Bonjour, monsieur de Briançon, je vous croyais sur le boulevard des Italiens.

Martial se leva et salua tour à tour les deux nouvelles venues avec une gaieté plus ou moins respectueuse, car il n'était jamais tout à fait sérieux.

— Comment! c'est vous, princesse? Il est vrai qu'à Venise vous êtes sur vos terres.

— Vous dites là une bêtise, mon cher, d'abord parce qu'il n'y a pas de terre à Venise, ensuite parce que vous voulez me comparer à cette ville sempiternelle qui vit sur son passé. Vous savez bien que je n'ai pas trente ans.

— Et vous ne les aurez jamais, princesse.

Mlle d'Armaillac et Aubépine jouaient le rôle des silencieuses du théâtre; la première agitait son ombrelle comme pour frapper, la seconde ne savait quelle figure faire.

— Est-ce que ce sont de vraies glaces? demanda la princesse en s'asseyant; je me figure toujours ici que je vois des tableaux peints.

— Oh! des tableaux peints, répondit Martial, il y en a ici des arpents; mais j'aime bien mieux les tableaux vivants; vous en verrez en allant au *Rialto* : c'est la fête des yeux.

Martial avait dérangé sa chaise et s'était mis tout près de la princesse pour éloigner Aubépine de ce champ de bataille de la passion, de la jalousie, de la coquetterie et de l'esprit.

Naturellement Mlle d'Armaillac s'était mise derrière la princesse, si bien que les deux rivales étaient hors de portée.

II.

CAUSERIES PERDUES.

Il y a des grâces d'état; Jeanne se sentait moins émue en face de Martial et de sa maîtresse que dans ce voyage où l'avait entraînée la fièvre de l'amour.

Elle ne put s'empêcher de reconnaître que M. de Briançon était toujours charmant. Il dominait par sa raillerie toutes les péripéties; aussi avec lui les choses ne tournaient jamais au ridicule; il répandait sur tout un grain de philosophie qui empêchait le sentiment de tomber dans la bêtise humaine.

Tant qu'on était avec lui, on ne voulait rien prendre au tragique. Mlle d'Armaillac avait éprouvé cela bien des fois ; ce n'était qu'en rentrant chez elle qu'elle s'enfonçait dans toutes les tristesses de la passion. Ce jour-là, en se sentant si calme devant Martial, elle se demanda comment elle avait été assez folle pour le poursuivre jusqu'à Venise. Mais une demi-heure après, quand elle le vit disparaître dans une gondole avec Aubépine, elle se laissa reprendre par toutes les angoisses de la passion et toutes les désespérances de la jalousie.

Pendant cette demi-heure, ç'avait été un assaut d'armes entre M. de Briançon et la princesse. Mlle Aubépine s'était mise à lire un journal italien qu'elle ne comprenait pas, tandis que Mlle d'Armaillac avait demandé « tout ce qu'il faut pour écrire, » pour faire semblant d'écrire.

On s'était promis de se revoir, mais on n'avait pas demandé la permission à Jeanne, non plus qu'à Aubépine.

— Vous êtes folle, ma chère princesse, dit Mlle d'Armaillac à son amie, pendant que les amoureux fuyaient sur le grand canal : est-ce que nous pouvons nous revoir ?

— Pourquoi pas? Il est de trop bon goût pour

ne pas venir nous saluer sans cette fille. Il sait que nous sommes à l'hôtel Danieli, vous verrez qu'il y viendra avant ce soir.

— J'espère bien que non; d'ailleurs, puisqu'on ne se voyait pas à Paris, pourquoi se verrait-on à Venise?

— Allons donc! ne faites pas de bégueulisme : vous savez bien qu'une fois à l'étranger tous les Français se voient sans s'inquiéter du passé ni de l'avenir; cela n'engage à rien pour le retour à Paris.

La princesse ne s'était pas trompée. Vers cinq heures et demie, M. de Briançon se présenta seul à l'hôtel Danieli.

— Il vient pour vous, dit Jeanne à son amie, je m'en vais.

Mais Charlotte retint Jeanne.

— Non pas, s'il vient pour moi, c'est pour vous.

Martial était entré. Il commença par parler des beautés de Venise; il se hâta de dire que ce n'était pas pour lui un « voyage d'agrément. » On lui avait parlé de le nommer consul à Venise comme première station dans la diplomatie; il était venu voir s'il pourrait s'acclimater dans la ville des doges.

— Oui, dit la princesse avec son franc parler, dans la peur de ne pas vous acclimater aux femmes de Venise, vous êtes venu avec une fille de Paris.

— Oh! mon Dieu! je ne sais pas comment elle s'est trouvée ici avec moi.

— C'est tout simple, vous l'aviez mise dans vos bagages. J'espère bien que vous allez la laisser au consulat pour vous promener un peu avec nous.

— Je suis à vos ordres, d'autant plus que je connais Venise comme un amoureux connaît sa maîtresse.

— Eh bien! alors, vous la connaissez mal, *Venezia la bella*.

Jusque-là Martial n'avait pas encore adressé la parole à Jeanne.

— Je suis bien sûr, lui dit-il, que vous êtes déjà acclimatée à Venise, car vous avez les cheveux et les yeux des Vénitiennes.

— De quelles Vénitiennes? demanda Mlle d'Armaillac. J'ai les cheveux blonds et les yeux noirs et je n'ai encore vu que des Vénitiennes brunes avec des yeux bleus.

— Je vous réponds que vous trouverez çà ou là des portraits de vous-même.

Et prenant dans sa voix et son regard des lueurs amoureuses, Martial ajouta :

— Il y en a une que j'aime depuis hier... que voulez-vous, quand on ne peut pas aimer l'original... on aime la copie.

— Des fadeurs ! s'écria la princesse ; dites donc la vérité, nous savons bien que vous nous aimez ; or vous savez bien que vous perdez votre temps. Nous sommes revenues du pays de l'amour, mais nous n'y retournerons pas ; c'était bon l'an passé, quand nous étions jeunes. N'est-ce pas, Jeanne ?

Jeanne contenait les mille démons qui agitaient son cœur ; elle prit un sourire dégagé et répondit d'un air distrait :

— C'est du plus loin qu'il m'en souvienne.

Martial aurait bien voulu savoir pourquoi les deux amies étaient venues à Venise.

Il n'avait pas la fatuité d'imaginer que Jeanne eût entraîné la princesse pour le voir avec Aubépine. Il était jaloux de son côté : il s'imagina qu'il y avait quelque passion sous roche ; il eût vu sortir d'une armoire quelque prince étranger qu'il ne s'en fût pas montré surpris.

On sait que si Jeanne l'aimait, il adorait

Jeanne; mais la fatalité les rejetait loin l'un de l'autre, parce que rien n'est plus masqué que le cœur humain. Ils semblaient jouer tous les deux au jeu de cache-cache, parce que nul des deux ne croyait à l'amour de l'autre.

On se quitta à l'heure du dîner; la princesse pria Martial de venir la prendre le lendemain pour aller au tombeau de Véronèse, qui était son peintre à elle.

— Peut-être, lui dit-elle avec son malin sourire, que Mlle d'Armaillac sera du pèlerinage.

Fut-ce à cause de cela que le lendemain M. de Briançon ne vint pas?

Le jour de son arrivée, Jeanne avait vu Venise en rose quoiqu'elle fût dévorée de jalousie; mais ce jour-là, elle vit Venise en noir : cette fois, c'était bien la ville des tombeaux; je ne saurais dire ce qu'elle souffrit en apprenant que Martial était parti à la première heure.

— Voyez, dit-elle à la princesse, comme il m'a prise en haine. Il ne peut plus me voir.

Par un de ces miracles du cœur que nul philosophe ne peut expliquer, l'amour de Mlle d'Armaillac se changea soudainement en haine, la douceur en violence, la tendresse en fierté.

.v 2

— Oh! ma fierté, dit-elle d'un air victorieux, je sens que tu es toujours là! C'est toi seule que j'aime, c'est toi seule que je veux aimer! C'en est fini avec Martial.

Jeanne ne dit rien à la princesse, elle s'affermit dans sa haine; elle eut la force de prendre une gaieté factice pour toutes ses promenades à Venise. La nuit, son cœur était un volcan, mais le jour elle imposait silence à son cœur.

Je ne veux pas vous promener, madame, avec la princesse et Mlle d'Armaillac par tous les monuments de Venise.

Elles rencontrèrent quelques amis et quelques amies de la société parisienne et étrangère : la duchesse Colonna, le prince Galitzin, la comtesse Waleska, Ziem et Diaz, la duchesse de Parisis, Nigra, deux princes d'Orléans, quelques députés légitimistes qui revenaient de Froshdorff. Venise, c'est la solitude, mais on n'y est jamais seul. Et la ville est d'autant plus adorable qu'on n'y rencontre pas d'imbéciles. Ce n'est pas là qu'ils vont.

Un mois après, Jeanne était à Trouville avec son amie.

Autre mer, autre spectacle. Mais Jeanne avait beau se fuir elle-même, elle ne pouvait fuir Martial.

III.

OU L'ON FAIT CONNAISSANCE D'UNE AUTRE PRINCESSE.

A peine revenue de Trouville, Mlle d'Armaillac rencontra au bois M. de Briançon dans le landau d'une princesse étrangère, qui passa trois ou quatre fois à Paris comme la tempête.

Le duc de Parisis l'avait mise à la mode et elle continuait à porter un des poignards d'or qu'il donnait à ses maîtresses.

On n'a peut-être pas oublié les poignards d'or du duc de Parisis; quand il aimait une femme — jusqu'à l'avoir aimée, — il lui fichait dans les cheveux un petit poignard d'or qui était une marque de sa conquête et un souvenir de ses joies amoureuses; il ne les prodiguait pas, car c'était un symbole d'amour qu'il ne donnait pas à la première venue. On se souvient dans le monde parisien qu'une belle jeune fille, trop romanesque, se poignarda au bain avec un des poignards d'or du duc de Parisis.

Quelques femmes du monde, tombées dans le demi-monde, se paraient bravement de ce poignard comme d'un drapeau pris à l'ennemi. On vit même quelques femmes du monde se coiffer avec ces épingles d'un nouveau genre, comme si c'eût été une affaire de mode.

La princesse ne portait pas le poignard dans ses cheveux, elle le portait hardiment dans la broderie de son corsage. Il fallait voir comme elle était belle avec son insolent chapeau tyrolien, plumes au vent et voile flottant. Elle semblait défier le ciel par ses plumes en paratonnerre et la tempête par son voile déployé. Elle portait la collerette à la Marie Stuart avec la majesté d'une reine; nul ne pouvait lui faire baisser les yeux. Elle avait l'intrépidité du regard et du sourire, bravant tout et se moquant de tout. Elle était belle de toutes les beautés plastiques car, pour ce qui est de l'âme, je ne lui en ai pas connu.

Elle se disait Russe ; peut-être était-elle Polonaise, ou Slave, ou plutôt Circassienne ; tout en elle accusait une naissance illustre.

Par sa fierté de race, elle ne faisait pas de façons pour se dire fille de l'empereur Nicolas, riant du même coup de son père et de sa mère. On ne pouvait pas la voir sans l'aimer ou la haïr, parce qu'elle avait toutes les séductions et toutes les cruautés de la femme. Ce qu'il lui fallait d'admiration, d'argent et de larmes n'est pas croyable, dans un pays où les larmes, l'argent et les admirations ne se marchandent pourtant pas.

Les gens du monde, ou plutôt de l'extramonde, ont bien connu cette princesse circassienne qui passa à Paris comme un tourbillon. C'était Junon assemble-nuages ; elle allumait l'orage et soulevait la tempête ; comme elle était fort belle, tout le monde la voulait aimer au passage ; on pressentait qu'une beauté si extraordinaire et si extravagante ne s'acclimaterait pas à Paris ; le monde n'était pas trop grand pour elle. Elle voyageait comme la nue, au gré du vent, je veux dire au gré de son caprice. Pour un rien, elle allait de Paris à Nice, de

Nice à Venise, de Venise à Pétersbourg, de Pétersbourg à Londres et de Londres à Paris. Il n'aurait pas fallu la défier d'aller faire un tour dans le Nouveau-Monde à peu près comme nous allons à Versailles. A ma dernière fête vénitienne, elle était à Madrid, où elle avait voulu voir l'entrée triomphale du jeune roi. Elle accourut ce jour-là de Madrid pendant qu'une jolie Parisienne, qui habite l'île Saint-Louis, avait toutes les peines du monde à se décider à venir à l'Arc-de-Triomphe.

Je ne dirai pas ici le nom de la princesse; il est sur le bout des lèvres de beaucoup de monde. Nous l'appellerons si vous voulez la princesse Trois Etoiles, ce qui sera agréable à son mari, car une femme si fantasque n'a pas manqué de commencer par le mariage : elle dit que c'est l'émancipation des filles.

C'est l'emportement des emportements. Elle n'a jamais eu le temps de descendre en elle-même « et de se reconnaître. » Qui est-elle ? Elle n'en sait rien. Elle sait qu'elle est brave et qu'elle n'a peur ni de Dieu ni du diable; elle sait qu'elle est belle et qu'elle triomphe sur toute la ligne, comme une épée bien trempée. Mais a-t-elle un cœur? a-t-elle une âme? Que lui importe, elle vit au jour le jour. Aura-t-elle un lendemain, se souvient-elle de la veille ? C'est le moindre de ses soucis. Elle a une beauté altière, terrible, implacable; on voit tout de suite qu'elle est née pour être ainsi, mais qu'elle ne se brisera pas dans la passion; elle traînera sur ses pas toute une légion d'amoureux, souriants ou désolés ; elle s'amusera des larmes comme des sourires; quel que soit le sacrifice, elle se trouvera digne du sacrifice : c'est une idole plutôt qu'une femme.

De l'esprit, elle en a et du meilleur : une flèche aiguë qui brille, qui siffle, qui frappe. Et quels clairs éclats de rire devant toutes les déclarations d'amour; les plus beaux sentiments ne sont pour elle qu'un déjeuner de soleil; non-seulement elle n'a pas le temps d'aimer, c'est à peine si elle a le temps d'être aimée.

Elle est insatiable devant l'or, c'est le festin de ses yeux et de son esprit, parce qu'elle a toutes les belles prodigalités des princesses et des courtisanes. J'ai vu un amoureux donner un million, en bank-notes; elle l'a dévoré en un an, « sans le jeter par la fenêtre, » comme elle a dit. C'était un homme du Nouveau-Monde qui lui avait fait cette galanterie, s'imaginant qu'il serait son prince, ne fût-ce qu'un jour; mais elle lui a fait comprendre que cette belle action de donner un million à une princesse pour qu'elle encadre sa beauté, ne serait plus qu'une mauvaise action si elle le payait. « Plus tard, disait-elle en riant, quand je n'aurai plus rien de vous, peut-être irai-je vous donner mon cœur; mais aujourd'hui contentez-vous de voir votre million s'amuser avec moi. Pouviez-vous le mieux placer ? »

L'homme du Nouveau-Monde fut convaincu et se contenta d'être le satellite de cette comète endiablée.

Dans toutes les capitales de l'Europe, elle était du monde; les portes s'ouvraient à deux battants devant son titre de princesse et l'éclat de sa beauté. A Paris, où la vertu n'est pas récompensée, mais garde ses grandes prérogatives, la princesse Trois-Etoiles franchit le seuil des salons officiels, mais ne fut pas reçue dans les salons du vieux monde; elle traversa les fêtes américaines; elle se risqua dans le demi-monde qui se fait illusion; mais elle se vit fermer plus d'une porte hospitalière aux femmes de qualité. Toute fière qu'elle fût, elle n'en mourait pas de chagrin, se consolant ce soir-là par quelques désœuvrements de haute volée.

On avait beau chercher autour d'elle, on ne lui voyait pas d'amant en titre, ni même d'amant d'occasion ; elle semblait impeccable au milieu de sa cour ; elle dominait les hommes de si haut que nul n'osait, comme il arrive pour les autres femmes, se vanter d'avoir vu lever l'aurore chez elle.

Si elle avait des amants, elle ne les jetait pas à l'eau, comme Marguerite de Bourgogne, mais elle les faisait rentrer sous terre par un seul de ses regards.

On comprend qu'avec une pareille créature les choses ne se passaient pas comme avec la première venue ; il y avait en elle des mystères, mais elle déjouait les yeux les plus pénétrants ; elle n'avait pas de confidente, elle effaçait les pages de sa vie, en disant que le passé n'existait pas : il semblait que sa comédie se fût jouée toujours devant une glace qui ne garde rien des scènes les plus violentes.

On avait beaucoup parlé d'elle ; les femmes en

disaient beaucoup de mal, les hommes beaucoup de bien, les amoureux beaucoup de bien et beaucoup de mal.

A son troisième mois de séjour à Paris, sa figure se perdit dans les demi-teintes comme celle de toutes ces étrangères fugaces qui ne prennent pas pignon sur rue. Elles sont romanesques à ce point qu'on finit par se demander si on les a vues dans la vie ou dans un roman.

Le marquis de Satanas me conta l'aventure de la princesse Trois-Etoiles avec M. de Briançon. Elle en était folle. Elle l'avait enlevé à Aubépine comme un épervier enlève un ramier à sa colombe.

— Voyez-vous, me dit le diable, on a beau être princesse et braver son cœur, on finit par se soumettre à l'amour comme une simple mortelle.

IV.

VOYAGE A PARIS.

 u était donc Aubépine ?
Pour être aussi bien avec la princesse circassienne, il fallait que Martial eût laissé sa jeune maîtresse en route.

Mlle d'Armaillac chercha à pénétrer ce nouveau chapitre du roman de M. de Briançon.

— N'est-ce pas irritant, dit-elle à son amie, que je ne puisse faire un pas sans me heurter à Martial ? Il semble que tout son jeu, dans la vie, soit de se jeter à ma rencontre.

— Oui et toujours avec une femme, dit la princesse.

— Si ce n'est avec deux.

— C'est un éclectique, ce Martial ; il va de la cantatrice à la fille du monde, de la fille du monde à la modiste, de la modiste à la chiffonnière, de la chiffonnière à la princesse, tout cela avec abondance de cœur, quoiqu'il ait l'air de rire de tout cela. Ah ! c'est un homme à encadrer !

— Ce qu'il y a de plus triste, — ou de plus gai — dit Jeanne, c'est que tous les hommes sont ainsi.

— Ne m'en parlez pas. Si cela continue, on finira par n'avoir plus aucun préjugé.

— Voilà ce que vous appelez des préjugés ! ma chère princesse. Et le devoir ?

— Le devoir de qui ? le devoir de quoi ? c'est encore un préjugé. Voyez-vous, nous venons de la nature et nous finirons par retourner à la nature. Maintenant, rassurez votre cœur, si vous pensez encore à M. de Briançon ; cette princesse qui joue au terrible est une princesse pour rire qui ne le retiendra pas longtemps à son char, je veux dire dans son landau, pour deux raisons : c'est que cet oiseau voyageur casse toujours la branche où il se pose. Et d'ailleurs, vous savez que Martial ne reste pas longtemps sur la même branche.

— Il n'a pas encore trouvé son arbre.

Avant d'aller, en belle compagnie, au château de Guébriand, une demeure princière où la princesse passait la saison des chasses avec toute l'ardeur d'une Diane chasseresse, elle décida avec Jeanne qu'elle resterait à Paris tout le mois de juillet, en se payant de ce paradoxe : que Paris était la plus belle solitude du monde pour vivre l'été.

La vérité, c'est que ni Jeanne ni Charlotte ne pouvaient vivre ailleurs. Il y a des femmes qui ne respirent que dans l'air vif, il y en a qui ne respirent que dans l'air parisien. C'est à peu près comme ceux qui boivent du thé et du café pour se désaltérer.

— Cela va nous amuser, dit la princesse, d'être à peu près seules à Paris : nous y vivrons comme des étrangères ; nous ne connaissons que le vieux Paris, nous irons faire des découvertes dans le nouveau Paris ; en un mot, nous voyagerons dans la capitale des capitales, comme font les Anglaises consciencieuses avec Paris-Guide à la main. Il y a aujourd'hui beaucoup de curieux qui ont fait le tour du monde, il n'y en a peut-être pas un seul qui ait fait le tour de Paris.

— Ni de soi-même, dit Mlle d'Armaillac.

— Ah! par exemple, s'écria la princesse, j'en connais beaucoup qui aimeraient mieux faire le tour de votre admirable statue sans piédestal que de faire le tour du monde.

La princesse et Jeanne vivaient trop ensemble pour ne pas se connaitre dans toutes leurs attitudes plus ou moins drapées.

Ce fut dans ce « voyage à Paris » que la princesse et Mlle d'Armaillac rencontrèrent une autre curieuse de leurs amies qui courait Paris nocturne, Mme de Morangy.

LIVRE XXII.

LES NOCTAMBULES

MADAME DE MORANGY.

I.

LES NOCTAMBULES.

Parmi les femmes du monde, il y a des curieuses qui sont insatiables; non-seulement elles veulent aller à tous les spectacles de la vie parisienne, mais volontiers elles seraient de toutes les comédies. Elles se hasardent d'abord dans la coulisse, elles finissent par se risquer sur la scène.

On parlait beaucoup des airs romanesques de Mme de Morangy.

C'est une Américaine fort jolie « qui s'est mariée pour devenir veuve, » disaient ses amis, parce que son mari était mort en pleine lune de miel.

Elle vint à Paris il y a huit ans pour l'Exposition universelle. C'était une idolâtre d'Edgar Poë, une chercheuse d'impossible. Pourquoi épousa-t-elle le comte de Morangy? Il n'avait pas le sou et elle avait beaucoup d'argent. Elle se maria pour être mariée et pour être comtesse.

Devenue veuve et ne songeant pas à reconquérir un mari, Mme de Morangy vivait d'imprévu, n'aimant que l'impossible, jurant de finir comme la plus belle excentrique des deux mondes. Elle n'avait peur de rien, sinon des vulgarités bourgeoises.

Il y a beaucoup d'esprits, toujours dépaysés, qui ne peuvent s'acclimater dans le milieu où nous respirons mal, dans la vie ordonnée, méthodique, usinée. Ces esprits-là courent les escarpements au risque de se rompre le cou; mais ils mourraient étouffés dans l'atmosphère embourgeoisée.

Le prince Galitzin me disait : « Nous nous ressemblons furieusement; nous courons de branche en branche comme l'oiseau chercheur. Si nous nous arrêtons sur la branche, la branche casse; si elle ne casse pas, nous la cassons nous-mêmes tant nous sommes nés pour courir les aventures. »

Ainsi faisait Mme de Morangy.

Le marquis de Satanas me dit un jour :

— Saluez cette femme : elle a le courage de son opinion. Elle ose être folle en toute présence d'esprit.

Les Arabes disent : « Il y a le chemin du bonheur, mais les voyageurs n'arrivent jamais. » Tout Paris est sur ce chemin-là; dans les provinces, on se résigne à son sort quel qu'il soit, on accepte l'humble destinée sans tendre les bras vers l'impossible ; les chercheurs d'inconnu, qui sont considérés hors Paris comme des fous, viennent échouer dans la capitale des capitales ; mais les braves gens qui ne croient pas avoir d'étoile se contentent de vivre comme il plaît à Dieu, sans vouloir forcer la carte de leurs aspirations. Ce sont les sages ; ils n'en sont peut-être pas plus heureux pour cela ; mais ne montant pas sur les sommets, au moins ne tombent-ils jamais de haut.

Les Parisiens ont tous la prétention de jouer un grand rôle à tous les diapasons de l'orgueil humain; ils ont beau gravir les escarpements de la fortune ou de la renommée, ils trouvent qu'ils n'ont jamais assez monté. Ceci explique ce steeple-chase de tous les instants ; on se rencontre, on se salue à la hâte, on court en avant, on arrive — jusqu'au tombeau — pour reconnaître qu'en fin de compte on aurait mieux fait de s'arrêter à cueillir des fleurettes sur les marges du chemin.

Quel que soit le site, quel que soit le ciel, quel que soit l'horizon, on ne se trouve jamais bien.

Celui qui habite un hôtel aux Champs-Élysées, comme celui qui habite une mansarde à Ménilmontant ne se trouvent pas chez eux. Celui qui est aimé et celui qui ne l'est pas, celui qui fait fortune et celui qui se ruine, celui qui trahit sa femme et celui qui est trahi par sa maîtresse, celui qui est ministre et celui qui veut le devenir, celui qui travaille et celui qui se croise les bras, tous aspirent au lendemain, parce que le lendemain est plein de promesse pour tout le monde ; mais le lendemain est comme Fontenelle, qui avait les mains pleines de vérités et qui ne les ouvrait pas. Cette foi au lendemain, cette aspiration perpétuelle, cette recherche de l'inconnu explique les noctambules ; ils ont tant de fois attendu vainement le bonheur le jour, qu'ils se tournent vers la nuit.

La nuit a aussi son soleil, mais ce soleil-là ne se montre qu'aux initiés, les buveurs d'absinthe, de bière et d'eau-de-vie ; l'ivresse les transporte dans un monde tout rayonnant qui les fait prendre en pitié le monde des buveurs d'eau. En effet, vous avez beau vous enivrer d'orgueil ou d'amour, vous n'arrivez pas à ce haut dédain des choses d'ici-bas, à ces visions radieuses que donne l'ivresse du bock ou du petit verre. Edgar Poë, Alfred de Musset et Charles Coligny vous l'ont dit en se le prouvant à eux-mêmes.

On croit que les derniers bohèmes sont morts, mais une promenade dans Paris, de minuit à six heures du matin, vous montrera des bohèmes de tous les ordres, à la Halle, sur les boulevards, à Montmartre et au pays Latin.

La bohème galante de Gérard de Nerval, la bohème enfumée d'Henry Murger, la bohème chantante de Gustave Mathieu, toutes les anciennes bohèmes en un mot ont mis au monde une multitude de petites bohèmes éparses dans Paris ; bohème des hommes, bohème des femmes, où l'on passe sa nuit à refaire le monde comme il devrait être, à escalader le ciel, à détrôner les imbéciles, à mille et mille jeux innocents, qui s'évanouissent dans la fumée du dernier cigare matinal.

Mme de Morangy se fit conter par Banville et Monselet l'histoire de toutes les bohèmes parisiennes, depuis la première, la bohème dorée, que Gérard de Nerval a historiographiée sous le titre de *la Bohème galante*. La belle Américaine voulut qu'on la promenât dans tous les souvenirs du *Divan* et de la *Brasserie des martyrs*.

II.

Les beaux esprits sans portefeuille avaient baptisé leur café : *le Divan*, parce qu'ils voulaient y vivre à la turque avec un harem d'occasion.

Combien de dieux qui n'ont pas eu leur Olympe dans ce café académique !

C'étaient pourtant de bons diables; quelques-uns avaient un esprit d'enfer. Ce qui me plaisait en eux, c'était leur mépris de tout ce qui n'était pas l'art et leur horreur de la littérature bourgeoise. Les habitués étaient jeunes, — ou se croyaient jeunes, — ce qui est tout un.

Il ne faudrait pas s'imaginer pourtant que ce fût là une folle jeunesse, celle qui, depuis six mille ans, jette gaiement son bonnet par-dessus les moulins, en narguant l'avenir et la vieillesse. Non. Ces jeunes gens étaient graves, même quelque peu sombres, ce qui était la faute de l'époque ; Chatterton, Antony, Rolla, avaient plus ou moins déteint sur eux.

Ces jeunes hommes, dans leur ardeur à chercher dans le champ de l'art un filon inexploré, dans la fièvre qui les poussait vers l'inconnu, allaient toujours en avant sans calculer leurs forces, en comptant seulement sur leur courage ; c'était ne pas compter sans son hôte. Mais combien sont tombés sur cette route aux écueils qui devait les conduire aux succès, comme si le courage menait à tout en France ! Ils mouraient du moins avec sérénité, sans une parole amère, confessant, sur le seuil de l'éternité, l'art qui avait été la religion de leur vie et dont ils mouraient les martyrs. L'enthousiasme, — que les temps sont changés! — l'enthousiasme, cette passion des grandes âmes, était ce qui les tuait tous. On a ajouté que l'absinthe collaborait en cela avec l'enthousiasme ; mais que n'a-t-on pas dit contre l'absinthe ? Voltaire, qui adorait le café, aurait dit que l'absinthe n'est pas un poison lent ; Voltaire, qui a fait si souvent boire la ciguë à Fréron, aurait accusé Fréron de ne boire que l'absinthe.

Plus d'un n'a fait ni comme Fréron ni comme Voltaire. L'imagination était si vive et si capricieuse chez ces vaillants esprits qui brisaient leurs armes, qu'ils se contentaient d'esquisser à grands traits le sujet entrevu sans vouloir jamais descendre au détail mécanique. Ce détail — qui restera toujours trop ingénieux pour qu'on puisse s'en passer, — ils l'appelaient dans leur dédain « le métier! » Voyez-vous cela! un métier qui consistait à jeter sur le papier les créations de ces natures prime-sautières ! La plume eût tout gâté !

Au divan de la rue Le Pelletier, on entendait souvent retentir cet aphorisme : « Les plus beaux livres ne sont pas ceux qu'on écrit ! » Les auditeurs d'élite, qui se groupaient chaque soir, jambe de ci, jambe de là, sur les vastes divans du café, jouissaient seuls des chefs-d'œuvre qui chaque soir naissaient là pour mourir à l'aube. Aussi quelque censeur morose, voulant stigmatiser la griserie intellectuelle où se consumaient tant de forces et de talents, avaient-ils surnommé le divan le *club des fumeurs d'opium.* C'est un nom qui lui restera longtemps. Les buveurs d'opium ont été dispersés par la mort ou par l'oubli, quelques-uns par la gloire; quelques autres se sont odieusement embourgeoisés. Bien peu, — voilà la leçon, — ont pu sortir de la foule pour briller parmi les élus.

Un beau jour, on m'apprit que le cénacle du divan, chassé par l'ange exterminateur des révolutions et des démolitions, s'était retrouvé érigé en académie à l'ombre de l'église Notre-Dame-de-Lorette, — la brasserie des Martyrs gardait un rameau vert des appelés et des élus du divan Le Pelletier.

La brasserie des Martyrs était-elle ainsi nommée parce qu'elle était située au début de la rue des Martyrs? Les esprits avancés disaient que le nom lui venait des martyrs de l'art, de la poésie et de la science, qui s'y donnaient rendez-vous ; ce qui rappelle d'un peu loin un mot de Jules Janin à un dramaturge qui portait un manuscrit accusateur : — Je sais où vous allez. — Je vais lire une pièce à des amis. — Je savais bien ! vous allez rue des Martyrs.

L'ancienne fraternité qui unissait les habitués au divan Le Pelletier, alors qu'il s'agissait d'une expédition contre les Rajahs, les Sardanaples, les Cambyses et les faux Smerdis de la littérature, ne se retrouvaient pas à la brasserie des Martyrs. Il y avait deux partis bien tranchés : les fantaisistes et les réalistes.

Cette académie des Martyrs était une grande salle, divisée en plusieurs files de tables qui rappelaient la menuiserie bavaroise. Crispin Baptiste en faisait les honneurs et croyait que tous ses hôtes étaient des personnages de Molière et de Lesage.

La bière du cru rappelait la bière de Munich, qu'adorait tant cette fière Lola Montès, qui a failli créer l'académie des crávacheuses.

Je ne sais si c'était le pays où fleurit Lola Montès sous les traits romantiques de Mimi Chaumière et de Manon Bréda, ni si c'était le théâtre où s'essayaient plus d'une Maupin. Mais entre les deux partis fantaisiste et réaliste, il en existait un troisième qui manquait au décor — je ne dis pas au décorum — du divan Le Pelletier et qui servait de trait d'union aux deux autres : c'était le parti, ou plutôt l'élément féminin.

N'étant rien moins qu'absolu en fait de doctrines, il fusionnait assez volontiers tantôt avec les fantaisistes, tantôt avec les réalistes — simple question de budget.

Ces appelés raillant les élus, avec leurs extravagances, leurs travers, leurs folies, qui n'étaient presque jamais des sottises, avait beaucoup donné à retordre à ma curiosité. Il était allé tout de suite à ma sympathie. Au fond, cette luxuriance de sève était pleine de généreuses inspirations.

Cette jeunesse que j'ai vue là ne péchait jamais par la vulgarité, une ennemie avec laquelle je demande à ne me réconcilier jamais. Malgré les toilettes tapageuses, les cris d'oiseaux et les propos truculents, je ne cachais pas ma sympathie pour cette académie toujours éveillée. D'ailleurs, je ne jurerais pas qu'il n'y eût point eu là des gens austères et très-austères, tels que le docteur Herbeau, Daniel d'Arthès, le second ou le troisième des Canalis, Z. Marcas, et d'autres Z et d'autres X. Et de ci et de là, Olympia Junior, le neveu de Rameau, peut-être Rameau lui-même, et Franjolé avec son violon, et Fortunio avec son verre de Bohême.

C'était un caveau et une académie.

Je ne sais pas si l'académie de la rue des Martyrs a eu une influence sur les destinées de la langue française. On n'y allait pas précisément pour travailler au dictionnaire perpétuel, mais je crois qu'on l'enrichissait de plus de mots nouveaux que dans l'autre académie. Ce que je veux constater, c'est qu'on n'allait pas à l'académie des Martyrs pour boire de la bière, comme dans les jardins d'Académus on allait pour parler des dieux. Et combien de dieux y étaient jetés tous les jours du haut de l'Olympe! Combien de fois Saturne a été chassé par Titan et Titan par Jupiter! Tous ces Apollons de l'Académie de la brasserie des Martyrs n'ont-ils pas eu leur part de l'empyrée? Ils ont pu s'écrier comme un poëte paraphrasant Lamartine :

L'homme est un Dieu perdu qui se retrouve au ciel.

III.

Pour Mme de Morangy, la bohème, c'était Paris inconnu. Que lui importaient les bourgeois de Paris, qui sont les bourgeois de partout. Elle ne rêvait que noctambules et excentriques, comme son compatriote Edgar Poë. Tout en relisant le *Corbeau*, ce chef-d'œuvre sombre et rayonnant, elle évoquait le Corbeau de la rue de la Vieille-Lanterne. Quand elle se couchait, elle ne songeait qu'à courir le Paris nocturne.

— Sont-ils heureux! dit-elle un soir, dans une ambassade, où elle était entourée de tous les hommages; ces gens-là vivent comme il leur plaît, tandis que pour nous autres, la vie est réglée comme un papier de musique; c'est bien la peine de marcher quand on sait son chemin.

Un attaché d'ambassade, — M. Maurice de C —, proposa à Mme de Morangy de lui faire passer une belle nuit de noctambulisme.

— Ce sera pour vous un rêve, lui dit-il, vous

pourrez vous figurer que vous dormez comme toutes les nuits.

Elle refusa tout haut, mais elle accepta tout bas.

Le lendemain, l'attaché d'ambassade la prit chez elle à minuit, tout habillée de noir, voilée deux fois.

— C'est au moins deux voiles de trop, lui dit-il ; on vous reconnaîtra bien moins si vous n'êtes pas voilée du tout : vous avez une figure espagnole, un œil américain, un accent anglais. Allons-y gaiement; on vous prendra pour une étrangère; vous n'avez rien à risquer, puisque vous ne rencontrerez pas un seul homme de votre monde.

Mme de Morangy se dévoila et se barbouilla un peu plus la figure.

On commença par le café du Helder. C'était les jeux d'Estelle et Némorin ; il fallait bien procéder par gradation pour voir toutes ces dégradations de l'espèce humaine.

Mme de Morangy fut ravie de toutes ces pérégrinations nocturnes. Elle aurait voulu recommencer le lendemain ; elle se demandait s'il était possible que tout ce monde-là fût heureux, tant elle avait vu partout d'entrain et de gaieté : tout le monde criait et riait; on buvait, on chantait, on s'embrassait; les figures exprimaient la joie dans l'insouciance et l'orgueil dans le dédain des vanités humaines.

Quand Mme de Morangy retourna dans le monde, elle se sentit glacée par cette atmosphère diplomatique où chacun jouait la dignité et la gravité.

— Vous paraissez vous ennuyer? lui dit Mme de Tramont.

— Je crois bien! ne dirait-on pas qu'on est en Sibérie? aussi on n'a pas la peine de jouer de l'éventail : on vous conte des histoires à dormir debout, on se passe des compliments comme des verres d'orgeat.

C'en était fait pour elle de ce qu'on appelle les plaisirs du monde; elle était comme ces amateurs de tableaux qui se dégoûtent des peintres allemands quand ils ont vu les peintures de Diaz, de Fortuny, de Madrazo; elle voulait désormais sacrifier le dessin à la couleur, la pureté de la ligne aux queues de paon de la palette.

Elle fut prise d'une singulière idée : aller le soir, toute seule, au *Rat-Mort*, boire un bock dans un coin, fumer des cigarettes et faire connaissance avec un des familiers du café — pour s'amuser un peu.

En effet, elle avait tout ce qu'il faut pour s'ennuyer : veuve à vingt-sept ans, d'illustres amitiés, un hôtel avenue de la Reine-Hortense, une jolie figure et cinquante mille livres de rente pour ses menus plaisirs. Elle lutta longtemps contre ce désir de se lancer dans le monde des noctambules, mais elle eut beau s'avouer que c'était de la folie, plus elle raisonnait et plus elle se décidait à tenter l'aventure.

Elle n'avait pas revu M. Maurice de C — et elle ne voulait pas d'ailleurs lui avouer qu'elle s'habituait trop au noctambulisme. Elle avait bien pu se risquer un jour avec lui, mais une seconde fois c'était le commencement de la folie.

Une nuit, vers une heure, après s'être endormie dans une soirée politique et galante, elle rentra chez elle, elle se déshabilla, elle mit sa robe noire et sortit sans rien dire à ses gens.

Au boulevard de Courcelles, elle prit un fiacre et se fit conduire au *Rat-Mort*. Arrivée devant le café, elle donna vingt francs au cocher en disant de la suivre toujours à distance. Quand elle fut sur le point d'entrer, elle rebroussa chemin, mais elle reprit son courage et franchit le seuil pendant qu'un habitué sortait.

Après avoir pris place comme la première venue, elle demanda un bock en forçant sa voix. Son entrée avait interrompu Gustave Mathieu qui chantait landerirette, mais le poëte de la vigne reprit son couplet tout en saluant la dame de son verre. Gustave Mathieu est trop le poëte du vin pour boire de la bière. Mme de Morangy leva son verre en signe de bonne camaraderie ; après le dernier couplet, Gustave Mathieu alla à elle comme à une vieille connaissance. On devisa de ceci, de cela et encore d'autre chose.

— Qui êtes-vous? lui dit-il tout d'un coup.

— Je suis celle qui s'ennuie.

— Avec ces yeux-là! voilà ce que nous ne permettons pas ici ; mais aussi vous buvez de la bière, c'est une impiété !

Le poëte passa à la dame un verre de vin chaud.

— Vous avez raison, lui dit-elle, c'est plus patriotique, mais je ne suis pas française.

Un convive venait de s'approcher.

C'était un jeune peintre qui venait de réduire

en poussière l'École des Beaux-arts et de démonétiser les membres de l'Institut; il s'était levé le soir comme tous les noctambules et il s'indignait contre le soleil.

— On n'a pas idée de ça à la Grenouillère! disait-il; le soleil, sous prétexte — de par Galilée — qu'il ne se couche plus ne se lève plus; aussi il m'a été impossible de travailler aujourd'hui.

— Tais-toi donc, lui dit Gustave Mathieu, tu ne te lèves jamais que quand le jour tombe.

— Aussi je commence à peindre la nuit. J'ai trouvé des coups de pinceaux à la Rembrandt. Je suis sûr que Rembrandt a peint la nuit sa *Ronde de nuit;* le soleil manque d'accent et ne projette que des ombres pâles, tandis que le gaz ou même la lampe, ou même la bougie, donnent des effets miraculeux.

Et le jeune peintre raconta qu'il y avait des cabarets de la Halle et de Montmartre où on trouvait des tableaux tout faits qui eussent émerveillé Rembrandt plus encore que la *Ronde de nuit*.

— Allons-y, dit Mme de Morangy.

Le rapin était enchanté de trouver un pareil compagnon d'aventures; ils partirent bras dessus, bras dessous sans tambour ni trompette.

IV.

La dame vit encore de plus près cette comédie étrange du noctambulisme qui promène ses ivresses dans les cafés et les cabarets. On s'arrêtait partout un quart d'heure ; elle trempait ses lèvres dans un bock ou dans un petit verre ; elle prenait les airs dégingandés d'une femme familière à ces sortes de pérégrinations, croyant se sauver de tous les regards indiscrets par ces seuls mots prononcés à l'anglaise : — Je suis une étrangère.

Elle en vit, des tableaux incroyables et inouïs ! des hommes et des femmes couchés sur les tables ou sous les tables, des joueurs de dominos passionnés, des chanteurs qui n'avaient plus de voix, des amoureux qui avaient perdu leur maîtresse dans une brasserie, d'autres qui s'étaient trompés de femme, des musiciens qui jouaient un air de violon ou un air de flûte pour se reposer d'avoir joué dans le monde, des femmes qui se contentaient de faire de la fumée, des ténors de province qui menaçaient de brûler l'Opéra comme s'il n'avait pas brûlé assez, des ministres sans portefeuille qui engueulaient le pouvoir, des architectes qui menaçaient de brûler le Louvre, des pauvres diables qui criaient : Flambez ! finances ! Mais tout en jetant çà et là des cris de malédiction, tous ces buveurs et tous ces ivrognes semblaient vivre à Sybaris ; pas un pli de rose ne les faisait trébucher dans leur contentement ; ils riaient de tout, d'eux-mêmes et des autres.

Par-ci, par-là, une petite chanteuse attardée entrait comme un oiseau matinal et essayait une romance dans ce charivari.

On lui faisait boire de l'eau-de-vie pour qu'elle mît un peu de sacré chien dans ses couplets.

Mme de Morangy trouvait bien que le tableau avait des touches trop violentes ; elle s'effrayait de se trouver ainsi à peu près seule au milieu de tous ces déraillés de la vie qui prenaient le train express des abîmes. Plus d'une fois elle se fût trouvée mal si elle n'eût perpétuellement imbibé ses lèvres de trois-six. Elle se cachait pour respirer son flacon de sels anglais. Un ivrogne qui la surprit lui cria :

— En avant les violons! c'est ici qu'il faut respirer le vinaigre des Quatre-Voleurs.

Mais le jeune peintre la rassura.

— Dans toute notre nuit, lui dit-il, nous n'avons pas vu un seul coquin. Toutes ces figures sont la contre-épreuve d'honnêtes gens, seulement les honnêtes gens s'embêtent le jour et dorment la nuit, tandis que nous autres, nous dormons le jour et nous nous amusons la nuit.

Rentrée chez elle, Mme de Morangy se jura que c'était bien la dernière fois qu'elle se risquait en pareille compagnie; mais plus elle retourna dans le monde et plus elle reprit le désir de hanter les noctambules. C'était comme ceux qui s'endorment avec des livres édifiants et qui se passionnent pour les mauvais livres.

V.

Quelques jours après, Mme de Morangy alla prendre le thé chez une des vingt duchesses de Sainte-Clotilde. On annonça M. Maurice de C—, qui entra dans le salon de la duchesse comme s'il fût né là-dedans; il salua tout le monde avec une bonne grâce un peu railleuse, ainsi qu'il convient à un homme qui ne croit plus à rien.

— C'est bien étonnant, avait dit Mme de Morangy à son entrée. — C'est bien étonnant, dit-elle encore quand il l'eut saluée.

Pourquoi donc était-ce si étonnant que cela? Elle connaissait M. Maurice de C—. Mais elle ne l'avait pas bien regardé.

Elle avait cru reconnaitre en lui le jeune peintre noctambule, son compagnon d'aventures.

— C'est impossible, reprit-elle.

En effet, cela était impossible. Le jeune peintre

exagérait le dégingandage des rapins qui ont horreur de la tenue officielle, tandis que l'attaché d'ambassade était irréprochable de point en point, portant haut la tête, jouant quelque peu la dignité tout en s'abandonnant à une grâce naturelle, mais étudiée. C'était l'homme du monde par excellence.

Quand il eut causé quelques minutes çà et là avec les plus babillardes, il revint à Mme de Morangy qui lui dit :

— Est-ce que vous n'avez pas un frère qui peint ?

— Non, madame.

— C'est que je connais un jeune peintre qui vous ressemble prodigieusement.

— Madame, si j'avais un frère qui fût peintre, je passerais mon temps dans son atelier pour vous voir poser.

— Je ne pose jamais, monsieur.

— O mon Dieu, ce n'est pas un péché capital que de poser, même quand on ne pose pas pour de l'argent. Dans la vie, tout le monde pose plus ou moins, ici pour l'amour, là pour l'orgueil.

— C'est étonnant, se dit encore Mme de Mo

rangy, c'est aussi la même voix, si ce n'est que l'autre est un peu canaille dans ses expressions.

Je ne sais si ce fut à cause de la ressemblance que Mme de Morangy se laissa prendre, en sa coquetterie toujours armée, ou dans son ennui des poses mondaines, aux piperies de M. Maurice de C —, mais ils roucoulèrent tous les deux pendant toute la soirée, disant le plus grand mal des passions comme s'ils eussent peur tous les deux de tomber dans la gueule du loup.

— Pourquoi ne vous ai-je jamais rencontrée avant notre pèlerinage nocturne? demanda tout à coup M. Maurice de C —.

— Pourquoi? C'est que vous êtes allé partout où je n'allais pas; cet hiver, j'ai eu toutes les peines du monde à m'arracher du coin du feu, pourtant j'ai pris « ma bonne paire de pattes » à la présidence, dans quelques salons officiels, chez trois ou quatre amis intimes.

On se promit de se rencontrer plus souvent, mais l'attaché d'ambassade avait peur d'être envoyé bientôt à Constantinople comme troisième secrétaire.

— Est-il possible, dit Mme de Morangy, qu'on aille si loin pour faire si peu de chose?

— Que voulez-vous, si on va si loin c'est pour faire son chemin, mais c'est le chemin des écoliers.

On se promit encore de se rencontrer çà et là, au théâtre ou dans le monde; on trouva que la soirée avait passé trop vite, on se dit adieu dans un regard presque attendri.

Mme de Morangy rentra chez elle surexcitée par la causerie amoureuse comme par le thé. Comment se coucher à minuit quand on a pris l'habitude de vivre la nuit?

VI.

Une demi-heure après Mme de Morangy, tout à fait métamorphosée, prenait un bock au *Rat-Mort*, nichée dans un coin, regrettant, comme toujours, d'y être allée, mais n'ayant pu s'en défendre.

Gustave Mathieu vint à elle. Il lui parlait poésie, quand tout à coup le joli rapin des jours passés entra en se dandinant et traînant après lui une jolie fille rayonnante et tapageuse comme une Espagnole, surnommée Pèlerin à cause de ses pèlerinages dans ses passions nocturnes. Elle était ruisselante de diamants parce qu'elle allait en soirée chez Mme de Bosredon, une demi-mondaine qui écartèle sur fond d'or avec toute la grâce d'une patricienne.

Quoique le rapin fût en si belle compagnie, il alla droit à Mme de Morangy et la salua comme un homme ivre, mais ivre de vin de Champagne et non de vin bleu.

Pour la quatrième fois de la soirée, Mme de Morangy ne put s'empêcher de dire :

— C'est étonnant !

En effet, ses yeux venaient de lui prouver que le peintre ressemblait autant à l'attaché d'ambassade que l'attaché d'ambassade ressemblait au peintre.

— Toutefois, se dit Mme de Morangy, il y a entre eux la différence d'un homme bien élevé à un homme mal élevé.

Et, se parlant toujours à elle-même, elle ne put s'empêcher de s'avouer qu'elle aimait mieux le rapin.

C'était la nature qui parlait en elle, aussi ce

ne fut pas sans un secret sentiment de jalousie qu'elle vit cette Mlle Pèlerin qui accompagnait le jeune peintre. Mais il lui prouva bientôt qu'il n'était pas rivé à elle, car il dit tout haut :

— Pèlerin va dans le monde, et nous, nous irons souper à la Halle, — n'est-ce pas, Coligny? ajouta-t-il en tendant la main à un grand diable qui n'avait encore « effacé » que vingt-cinq bocks et qui n'achevait jamais sa nuit qu'au cinquantième.

— Oui, dit Charles Coligny, nous irons dans le monde; par là les femmes n'ont qu'à se bien tenir, mais il n'en faut pas dire un mot à Ponsard.

C'était le tic de Coligny de parler de Ponsard, comme Roger de Beauvoir parlait de Buloz.

On ne prit pas racine au *Rat-Mort*, le peintre emmena Mme de Morangy. Coligny s'arracha aux journaux du soir. Il s'obstinait à lire les quatre pages, quoiqu'il se moquât de toutes les politiques.

Ce soir-là, il y alla d'autant plus gaiement qu'il rencontra à la porte du café sa blanchisseuse qui voulut bien être de la partie.

Il fallait voir ces gens-là courir vers les

Halles avec la légèreté des oiseaux amoureux, jamais les chercheurs d'or n'ont couru aux placers avec plus d'entrain. Pour égayer la compagnie, Coligny répétait son cri légendaire :

« Ohé ! bourgeois de Paris, cachez vos « femmes, voilà Coligny qui passe ! »

On courut un peu les cabarets mal famés, Mme de Morangy, toujours curieuse et voulant des émotions. Elle entrait partout avec des battements de cœur, elle se demandait sans cesse si c'était bien elle qui osait aller jusque là. Mais elle se sentait abritée par la hardiesse du jeune peintre. D'ailleurs, c'était une âme vaillante qui ne craignait pas les aventures. Elle avait voyagé en Orient et en Russie, s'acclimatant partout et traversant tous les périls ; elle avait l'âme héroïque et elle se sentait des nerfs d'acier.

On soupa ou on déjeuna à trois heures ; on commença par la fameuse soupe à l'oignon, qui fut suivie d'une grande quantité d'huîtres de tous les pays, après quoi on apporta une salade arlequinée, haute en couleurs, où il y avait un peu de tout. Mme de Morangy s'arrêta aux huîtres, mais la blanchisseuse de Coligny se risqua à la salade.

— Quelle admirable femme ! disait le poëte en regardant sa maîtresse, elle dépasse de cent coudées la blanchisseuse de Dufresny, car celle-là n'a épousé le petit-fils de Henry IV que parce qu'elle lui faisait des mémoires de blanchisseuse, tandis que celle-ci ne m'a jamais apporté de mémoire.

— J'espère bien, dit Mme de Morangy à Coligny, que vous la logerez au temple de Mémoire.

— O mon Dieu, oui, dit le poëte, car c'est le seul endroit où je puisse la loger.

Et autres bêtises de trois heures du matin.

Et il embrassa si bien la blanchisseuse que le peintre, entraîné par cet exemple, embrassa Mme de Morangy comme du pain, en y mettant presque les dents.

Quand elle fut rentrée chez elle, la jeune veuve fit un examen de conscience.

— C'est triste, dit-elle, j'aime ce rapin. Je voudrais que tous les jours fussent des nuits.

Elle n'osa pourtant pas retourner le soir au *Rat-Mort*, ni le lendemain, ni le surlendemain ; elle avait peur d'être reconnue ; elle ne pouvait d'ailleurs vaincre ce sentiment de dignité, qui empêche toutes les femmes de tomber à l'heure de la chute.

— Et pourtant, disait-elle, j'aime ce rapin.

VII.

Mais l'amour fut le plus fort; tout en ne voulant pas revoir le rapin, elle fut entraînée vers lui. Un soir, elle se trouva sans y penser dans le célèbre café. Il y avait peu de monde encore. Mlle Pèlerin tirait les cartes à une de ses amies. Quand ce fut fini, elle apostropha Mme de Morangy :

— Ohé! là-bas, la femme en noir, voulez-vous savoir ce qui en retourne : les cartes ne mentent jamais quand c'est moi qui les bats; c'est que je m'y entends à battre et à rebattre; venez donc un peu que je vous dise votre destinée.

Mme de Morangy vint nonchalamment s'asseoir devant la Pèlerin. On ne peut pas faire la bégueule au *Rat-Mort*, aussi la grande dame mit-elle une bonne grâce charmante à écouter les divagations spirituelles de la tireuse de cartes.

—Voyez-vous, ma chère, dit celle-ci gaiement, vous êtes adorée par un roi de carreau et vous êtes aimée par un valet de cœur. Le roi de carreau est un faquin qui veut s'en faire accroire, tandis que le valet de cœur est un bon diable qui prend les femmes comme elles sont, va comme je te pousse. Vous ferez bien de les prendre tous les deux pour choisir. Le plus amoureux mettra l'autre à la porte. Coupez, madame.

Et Mme de Morangy coupait les cartes en souriant.

— Voilà du nouveau, continua la tireuse de cartes, le roi de carreau et le valet de cœur sont séparés par l'as de pique; il y aura du bruit dans Landerneau et au *Rat-Mort*. Coupez, madame.

Et Mme de Morangy coupait toujours.

— Mais non, les voilà les meilleurs amis du monde, les deux doigts de la main. C'est que la dame de cœur leur a donné raison à tous les deux : elle fait le bonheur de l'un, mais elle ne veut pas désespérer l'autre; c'est une femme comme je les comprends. Je vous en fais mon compliment, madame.

— Et comment cela finira-t-il? demanda la dame?

— C'est à mourir de rire, madame; cela finira par un mariage. Coupez, madame.

Mme de Morangy aurait mieux aimé que les cartes ne parlassent pas plus longtemps; mais la Pèlerin voulait épuiser le jeu.

— Oh! oh! prenez garde à vous, voilà l'as de pique qui veut faire des siennes.

En ce moment, une avalanche de buveurs de bière tombait dans le café. Dans cette avalanche qui faillit étouffer les trois femmes, Mme de Morangy reconnut le rapin de C —.

— Ah! la bonne fortune, s'écria-t-il. J'avais bu comme un Polonais pour t'oublier et voilà que je te retrouve.

— Et j'espère bien, dit la Pèlerin, que cela ne va pas te dégriser de retrouver cette femme quasi comme il faut.

Mme de Morangy avait beau prendre des poses dégingandées, elle se retrouvait malgré elle des attitudes de femme du monde.

Elle fut très-heureuse de voir le rapin; il n'était pas si gris qu'il en avait l'air; lui-même parut très-heureux de la rencontrer. Il l'emmena dans le coin qu'elle s'était choisi dès le premier jour. Il lui dit sans phrases qu'il ne pouvait plus vivre sans elle, qu'il l'aimait à la folie, qu'il la suivrait partout où elle irait, même chez elle, à moins qu'elle ne veuille aller chez lui.

— Chez moi! dit-elle, mais vous ne savez donc pas qui je suis? Je couche sur la paille.

— Croyez-vous donc qu'il me faille un lit de plume pour vous adorer?

— Ni lit de plume, ni lit de paille, car je ne comprends que l'amour platonique.

— Tais-toi, tu comprends que tu ne comprends pas.

Le rapin appela Mathieu, Coligny et les autres pour leur présenter la huitième merveille du monde, une femme qui croyait à Platon, à ses pompes et à ses œuvres.

On promit à Mme de Morangy de la faire encadrer et de la donner en prime au *Journal des demoiselles.* On voulut lui faire entendre que l'amour c'est la fusion, l'effusion, la transfusion; que c'est l'amour du corps qui fait l'amour de l'âme; qu'il n'y a plus aujourd'hui que les institutrices, les sous-maîtresses et les piqueuses de bottines qui lisent la *Nouvelle Héloïse* et qui croient au sempiternel rabâchage du sentiment.

Et ce qu'il y a de curieux en ceci, c'est que Mme de Morangy se laissa convaincre par tous ces dialecticiens de la volupté. Elle avait tant broyé de noir sur les songeries amoureuses qu'elle commença à croire qu'un bon tien vaut mieux que deux tu l'auras. Elle avait d'ailleurs bu sans y prendre garde trois verres de punch sous prétexte qu'il faisait froid. Le rapin acheva de lui faire perdre la tête avec des cigarettes de tabac turc, préposées à l'usage des femmes sensibles. On n'a pas oublié que Kalil-Bey n'est venu à Paris que pour apprendre aux femmes à fumer de ces cigarettes merveilleuses.

Voilà sans doute pourquoi cette nuit-là Mme de Morangy ne courut pas les cabarets familiers à ses nouveaux amis; elle rentra chez elle vers deux heures du matin.

On dit qu'elle ne rentra pas seule.

VIII.

Qui fut bien étonné, ce fut elle le lendemain matin, quand elle eut recouvré sa raison, de voir le rapin endormi devant le feu éteint sur une peau d'ours blanc qui valait bien un lit de paille et un lit de plume. Un peu plus elle lui demandait ce qu'il faisait là.

Son premier mot à lui fut de s'écrier :

— Oh la la ! quel malheur ! j'ai oublié ma pipe.

Mme de Morangy s'enveloppa dans sa robe de chambre et vint lui donner toute allumée une cigarette turque.

— Mon ami, lui dit-elle avec une douceur voluptueuse, si vous retournez au bal du *Rat-Mort*, vous ne direz pas...

— Je ne dirai pas que j'ai passé toute une nuit dans un conte de fée ; mais je ne retournerai pas au *Rat-Mort*, pas plus que vous.

— Pourquoi ?

— Je vous le dirai tout à l'heure.

Le rapin baisa la main de Mme de Morangy.

— Adieu, lui dit-il, ou plutôt à revoir.

Elle l'interrogea des yeux, mais il ne voulut pas dire un mot de plus. Il prit son chapeau et sortit, quoi que fît Mme de Morangy pour le retenir.

— Il est étrange, mais il est charmant, dit-elle avec mélancolie; ah! s'il allait ne pas revenir!

Son cœur lui disait qu'il reviendrait. Mais comment le recevoir tel qu'il était, habillé à la diable? avec son chapeau à la Henri III et son mac-ferlane à la Callot. Il ne lui manquait que des bottes à l'écuyère. Que penserait-on dans sa maison, que pensait-on déjà, car sans doute on l'avait vu sortir. Quoiqu'elle se moquât un peu de l'opinion publique, Mme de Morangy s'inquiétait de l'opinion de ses gens.

Mais l'amour l'aveuglait, elle était décidée à tout braver.

Vers trois heures, comme elle inquiétait son piano pour y trouver des notes sympathiques, on sonna.

— C'est lui, dit-elle avec un battement de cœur.

Ce n'était pas lui ; c'était le secrétaire d'ambassade. Il la salua d'un air glacial en entrant dans le salon.

— Madame, lui dit-il dans le pur langage diplomatique, j'ai appris que dans votre fureur du fruit défendu vous vous étiez égarée cette nuit parmi les noctambules les plus célèbres; vous avez perdu la tête à ce point que l'un d'eux...

— Mais, monsieur...

— Madame, encore un mot : quand vous êtes rentrée chez vous, un jeune peintre a passé par la porte entr'ouverte. Aujourd'hui, vous êtes peut-être compromise. Je viens vous offrir une réparation. Je vous aime, soyez ma femme.

— Mais monsieur, vous devenez fou !

Le secrétaire d'ambassade regarda en face Mme de Morangy et lui dit en la pressant sur son cœur :

— Quoi, vous ne me reconnaissez pas ?

— Maurice ! s'écria-t-elle, en éclatant dans sa joie.

II.

LE SOMMEIL ROUGE.

Oui, me dit le diable, Mme de Morangy a éclaté dans sa joie, elle a marié ses vingt-sept ans aux vingt-cinq ans de M. Maurice de C— qui a moins compté les années de la dame que ses millions. Mais demain je la reprendrai aux joies mortelles du noctambulisme.

— Non! m'écriai-je, l'amour lui tiendra lieu de toutes les joies, les joies permises et les joies défendues.

— Si, ne croyant rien, une vie nouvelle lui a ouvert ses portes, elle y passera tout entière.

Le diable sourit.

— Et elle n'y passera pas seule, continua-t-i!

Le marquis de Satanas voulait ne plus parler.

— Voyons, lui dis-je, n'allez-vous pas faire le mystérieux avec moi ?

— Eh bien, mon cher ami, écoutez-moi sérieusement, mais n'allez pas dire cela aux reporters qui viennent chez vous le matin pour avoir des nouvelles de l'enfer. Vous savez que je suis toujours le diable amoureux. J'ai échoué deux fois devant la vertu de Mlle d'Armaillac...

— Pourquoi dites-vous la vertu, puisqu'elle a été la maîtresse de M. de Briançon?

— Parce que j'ai une idée de la vertu qui n'est pas celle des Parisiens. Vous autres, quand une femme entraînée par son cœur se jette éperdument dans les bras de son amant, croyant que c'est la première station du mariage, vous la condamnez sans merci. Moi, je ne suis pas si mauvais diable que j'en ai l'air...

— Parce que vous êtes le diable amoureux.

— Donc, pour moi, Mlle d'Armaillac est encore une femme vertueuse...

— Parce qu'elle vous a résisté !

— Elle eût résisté à Don Juan comme elle a résisté à tous ses amoureux. C'est une femme qui ne se donnera que par amour; elle n'imitera pas ses aristocratiques amies qui se donnent par curiosité, ou plutôt qui se donnent la curiosité.

— Eh bien, mon cher diable, devant cette vertu imprenable, que ferez vous?

— Si c'était une femme comme une autre, je me déguiserais en ténor, en jeune premier, en clown. Je la ferais tomber dans le troisième dessous pour triompher d'elle. Mais comme je ne veux pas perdre mon temps, je cherche une malice plus diabolique. Je croyais tout bêtement la vaincre en ma qualité de marquis de Satanas, avec la figure railleuse des irrésistibles. Furieux de ses rébellions, je me suis métamorphosé en grand d'Espagne qui sème des pierres précieuses. J'ai cru un instant que, devenu duc d'Obanos Mlle d'Armaillac me prendrait pour jeter le masque et mener la vie à grandes guides. Je croyais qu'elle s'était prise à mon collier de perles; mais par malheur, quoiqu'elle adore les perles, elle m'a encore échappé parce qu'elle aime toujours M. de Briançon...

— Vous ne me dites toujours pas ce que vous allez tenter, ô Satan.

— Je vais noctambuliser Jeanne. Grâce à moi, elle ne vivra plus que la nuit. Mme de Morangy l'entraînera chez les buveurs de kief.

— Qu'est-ce que vous me dites là ? Il n'y a pas de buveurs de kief à Paris.

— Qu'importe, kief ou nirwana, ou opium, ou haschisch ; d'ailleurs toutes les boissons alcooliques donnent les mêmes rêves.

Le diable me traduisit cette strophe du poëte Persan Khéyam :

« Le jour où je prends dans ma main une
« coupe de vin et où dans la joie de mon âme je
« tombe en « kief, » alors, dans cet état de feu
« qui me dévore, je vois cent miracles se réa-
« liser; alors des paroles claires comme l'eau
« limpide semblent m'expliquer le mystère de
« toutes choses. »

— Vous savez bien, continua le marquis de Satanas, que ce que cherchait Alfred de Musset dans son verre ; ce n'était ni l'absinthe, ni la bière; c'était l'ivresse. Edgar Poë ne buvait pas non plus pour boire. Il y a à Paris tout un monde de rêveurs, artistes et poëtes, qui s'enivrent sans avoir soif. Croyez-vous donc que les femmes soient tout à fait étrangères à cette surexcitation extra-humaine de l'âme? elles la trouvent d'abord dans leur passion, comme Sapho et sainte Thérèse ; elles la trouvent dans le thé, dans le café, dans l'eau-de-vie. Aux dernières courses d'Epsom, sur vingt Anglaises du beau monde, j'en ai vu dix qui s'enivraient de cette ivresse presque divine, puisqu'elle fait presque un Dieu de l'homme ; mais sur vingt Anglaises du mauvais monde, il y en avait vingt qu'il fallait reconduire la nuit chez elles !

Le soir même, chez la princesse, le marquis de Satanas s'aventura dans les théories de la vie extra-humaine ; il nous dit que Prométhée voulant dérober le feu du ciel, était un homme qui avait vu les choses de près. Les dieux nous ont enchaînés sur la terre comme dans une prison ; la plupart des hommes s'acclimatent à leur esclavage ; ils oublient leur origine céleste, ils vivent terre à terre. Mais quelques esprits mieux doués que le commun des martyrs, s'indignent de leur joug ; comme ils sentent en eux une parcelle divine, ils veulent remonter l'échelle d'or des mondes perdus. Cet ivrogne, que méprise un bon bourgeois, n'ayant d'autre idéal que le doit et l'avoir, s'élève par les surexcitations de l'absinthe dans les régions rayonnantes que le bourgeois ne connaîtra jamais. Ponsard, le poëte de l'école du bon sens, a si bien compris les visions surnaturelles d'Alfred de Musset, qu'il s'est jeté dans toutes les aventures romanesques de la vie privée, faisant du jour la nuit, amoureux des princesses et des comédiennes, jouant un jeu d'enfer dans l'horreur de la vie prosaïque qu'il rimait pour les personnages de ses comédies. Ceux qui crient tout haut que l'idéal est une chaumière, ne s'y trouvent bien qu'en rêvant aux palais enchantés. Ceux qui vantent les bonnes ménagères les enferment à la maison pour courir avec les folles du logis.

On sait que déjà la princesse Charlotte et Mlle d'Armaillac avaient l'imagination très-ardente ; il ne fallait qu'une étincelle pour y jeter feu et flamme.

— Vous avez raison, dit la princesse au marquis de Satanas ; on peut mener son imagination comme on mène un cheval de race, il ne s'agit que de lui donner le coup de l'étrier. Mais je n'aime pas les liqueurs fortes.

— Je vous ai vue fumer, princesse. Je vous ai vue tremper vos lèvres vingt fois après dîner dans un verre de fine Champagne. Vous aimez le thé et le café ; vous n'avez pas horreur du vin de Champagne. Tout cela c'est le coup de l'étrier : il n'en faut pas tant pour prendre le train de grande vitesse qui vous mène à tous les casse-cou radieux.

La princesse se tourna vers Mlle d'Armaillac.

— Voyons, Jeanne, êtes-vous brave ? Voulez-vous vous risquer avec moi jusqu'à vous enivrer un peu, rien que pour perdre pied? Nous verrons bien si le marquis a raison.

— On m'avait toujours dit, murmura Jeanne, que l'ivresse endormait.

— Elle endort les imbéciles, mais elle réveille les gens d'esprit. Elle assemble des nuages pour les premiers, elle débrouille le chaos pour les autres.

— Nous verrons bien, reprit Jeanne ; mais je vous avertis que je serai fort rebelle à toutes ces surexcitations féeriques comme je suis rebelle au magnétisme.

— N'avez-vous donc jamais aimé, mesdames? dit le marquis avec un sourire impertinent.

— Vous savez bien que non, répondit Mlle d'Armaillac, puisque vous, qu'on appelle *l'irrésistible*, vous avez perdu votre temps avec moi.

Disant ces mots, Jeanne prit une tasse de thé, sans s'apercevoir que le diable y avait versé quelques gouttes de la liqueur persane surnommée le *Sommeil rouge*.

— Voyons, princesse, vous ne buvez pas, dit le marquis de Satanas, qui avait pareillement versé l'enfer dans la tasse destinée à Charlotte.

— C'est bon du thé, dit-elle, en se passant la langue sur les lèvres.

— Je vous réponds, princesse, qu'à la seconde tasse vous commencerez à y voir double.

— Allons donc, il m'est arrivé d'en prendre quatre tasses et d'y voir toujours simple.

On continua à causer et à prendre du thé. Naturellement, le marquis de Satanas ne parlait pas de la pluie et du beau temps. Il « blagua » à perte de vue sur les passions. Peu à peu, les deux amies lui disputèrent la parole et se la disputèrent elles-mêmes : elles n'avaient jamais été si babillardes et si éloquentes. C'était un éblouissement.

— Vous voyez bien, dit le marquis de Satanas, que le thé porte conseil.

Et il versait toujours. Mlle d'Armaillac se mit

au piano et chanta comme un ange, elle qui ne voulait jamais chanter en compagnie.

— C'est adorable! dit la princesse en embrassant Jeanne avec une effusion inouïe.

Le marquis de Satanas les embrassa toutes les deux en disant qu'il était ravi.

A son tour, la princesse se mit au piano et improvisa des mélodies ineffables. Le piano était une âme qui parlait.

— Avouez, dit le marquis de Satanas, que chaque note qui résonne est un mot d'une langue divine que nous comprenons tous ce soir, excepté ce spectateur muet qui n'a pas pris de thé.

Ce spectateur muet, c'était moi ; le diable aurait bien voulu ce soir-là que je fusse à tous les diables ; mais je n'avais pas envie de m'en aller.

Mlle d'Armaillac vint causer avec moi.

— Vous savez, me dit-elle, que le marquis de Satanas a raison ; son thé me fait voir trente-six chandelles, les trente-six chandelles d'un théâtre merveilleux où se jouent des comédies toutes rayonnantes. Je n'ai jamais si bien compris la pluralité des mondes. Je suis dans un rêve inouï et je serais désolée de me réveiller.

— Ce n'est pas moi qui vous réveillerai. Ce n'est pas moi qui vous rejetterai le front contre la terre, sous prétexte que l'ascension est dangereuse. Je me suis moi-même bien des fois risqué dans l'invisible et dans l'inconnu.

— Oui, mais par malheur il y a quelqu'un qui me réveillera : c'est ce marquis de Satanas qui m'est odieux; il joue tous les rôles pour me prendre à sa comédie, mais plus il s'approche de moi et plus je me sens loin de lui. C'est égal, je voudrais bien qu'il ne fût pas là. Ah! si vous pouviez me délivrer pour jamais de cet homme, qui a la prétention d'être le diable!

— Après tout, c'est peut-être le diable; je ne m'y fie pas.

— Comment pouvez-vous en faire votre ami ?

— Oh! mon Dieu, pour moi c'est un reporter. Il sait tout. Mais si vous voulez que je vous en débarrasse. je vais l'envoyer chez lui, — au diable.

J'allai vers le marquis; tout justement il cherchait le moyen de me mettre à la porte.

— Mon cher ami, me dit-il, vous voyez que je fais mon chemin ici ; mais je suis en train de perdre beaucoup d'argent au cercle, où on joue pour moi. Si vous êtes mon ami, vous irez faire un tour par là et vous direz aux joueurs de ne pas finir sans moi.

— Oui, mon ami, lui dis-je d'un air de bon apôtre, d'autant que je n'ai rien à faire ici.

Et prenant un air mystérieux :

— Et vous allez commencer par descendre dans votre coupé, je vous promets que vous reconduirez Mlle d'Armaillac chez elle, car elle vient de me prier de la reconduire moi-même; mais je n'en ferai rien, parce que je ne suis pas amoureux d'elle.

Le diable me regarda jusqu'au fond de l'âme. Je ne l'avais jamais trompé, il ne put s'imaginer que je voulusse le tromper ce soir-là.

Il prit son chapeau sans plus attendre en disant qu'il allait au cercle.

La princesse fut quelque peu surprise de ce brusque départ; mais Mlle d'Armaillac comprit, sur un signe imperceptible, que je lui avais obéi.

On ne saurait s'imaginer avec quels transports de joie elle me remercia d'avoir mis le diable à la porte; il ne m'avait pas fallu beaucoup de génie pour cela ; mais enfin, il était littéralement — à la porte, — puisqu'il attendait dans son coupé.

Pour plus de sûreté, on donna l'ordre au valet de chambre, si le marquis revenait, de dire que j'étais parti et que ces dames allaient se coucher.

Je crois que la princesse et Mlle d'Armaillac n'ont jamais été plus adorables que ce soir-là ; elles parlaient toutes les deux ensemble, mais c'était un duo qui chantait ; leurs yeux flambaient ; leurs bouches ardentes et inapaisées couraient du sourire à l'éclat de rire ; çà et là, elles tombaient brisées sur le canapé avec un voluptueux abandon.

Alors, les yeux s'adoucissaient, quelques nuages passaient sur le front, l'âme quittait le pays des feux d'artifice pour les rivages rafraîchissants. Elles se reposaient dans des joies plus intimes et plus douces. Puis, tout à coup, elles repartaient pour les horizons radieux, si heureuses d'avoir découvert un nouveau monde dans leurs âmes qu'elles tombaient dans les bras l'une de l'autre, pâles, tressaillantes, enfiévrées.

— A la bonne heure, dis-je à Mlle d'Armaillac, dans une de ces effusions où elle embrassait la princesse à peu près comme Ixion étreignait la nue, vous n'avez plus peur d'être réveillée à la vie.

Elle me serra les mains avec une énergie farouche et dit en devenant plus pâle encore :

— Martial! Martial! Martial!

Et elle regardait fixement la porte comme s'il dût entrer.

C'était Martial qu'elle embrassait en étreignant la princesse.

III.

PARIS NOCTURNE.

Le lendemain, le marquis de Satanas me dit qu'il prenait fort mal la plaisanterie; il m'accusa d'avoir fait échouer son nouveau plan de campagne. Je lui dis que le moment n'était pas encore venu pour lui. Jeanne aimait trop Martial pour se donner à qui que ce fût, même dans l'emportement de la jalousie et de la colère, même dans l'égarement d'une ivresse insouciante.

Ce qui n'empêcha pas le marquis de Satanas de vouloir continuer son jeu du poison persan qui résumait toutes les ivresses.

Du reste, Jeanne qui voulait oublier comme

la princesse, par fureur de curiosité, continua à boire le thé du diable, mais sans qu'il fût là, après lui avoir dérobé son secret.

Il avait laissé son flacon de *Sommeil rouge* ; la princesse lui en demanda un autre, puis encore un autre, tout en lui promettant qu'un soir il reviendrait verser lui-même cette liqueur magique.

Le marquis de Satanas avait tant de choses à faire qu'il ne s'offensa pas trop de savoir qu'on buvait sa liqueur sans lui ; il espérait bien retrouver les deux dames, Jeanne surtout, beaucoup plus avancées dans le mépris des préjugés et des devoirs.

Ces dames connaissaient Mme de Morangy, qui, à peine au bout de sa lune de miel, avait recommencé ses gamineries nocturnes en l'absence de M. Maurice de C — qui était allé en mission secrète en Russie et en Autriche. Elle trouvait cela si bon de vivre la nuit, qu'elle finit par convaincre la princesse, qui entraîna Jeanne, si bien que toutes les trois se risquèrent ensemble là où s'était risquée toute seule Mme de Morangy.

Mais là encore le marquis de Satanas s'était

trompé. Certes, il avait affaire à des chercheuses insatiables, qui croient que la vie est toujours l'arbre au fruit défendu ; mais si la princesse trouvait tout simple de s'encanailler parce qu'au fond elle se retrouverait toujours princesse, Mlle d'Armaillac se retenait de toutes ses forces à sa fierté native.

Elle consentit pourtant, comme elle eût fait un jour de carnaval, à s'habiller en maîtresse de piano, comme ses deux amies, pour aller au *Rat-Mort*; mais par malheur, cette nuit-là, le *Rat-Mort* semblait tout endormi. Chacun buvait ou fumait silencieusement dans son coin ; c'est à peine si ces dames recueillirent quelques insolences plus ou moins pimentées.

Elles ne voulurent pas perdre leur nuit ; elles descendirent aux halles et se firent rudoyer par tous les ivrognes qui noctambulisaient par là ; elles commençaient à désespérer lorsque deux jeunes gens en cravate blanche les abordèrent à la porte d'un cabaret.

— Tiens, dit l'un, elles sont jolies ces traînées-là !

— Pas mal, dit l'autre, on dirait des dépaysées qui reviennent au pays natal.

— Eh bien! mes gentilshommes, dit la princesse, offrez-nous « une tournée. »

Ce qui fut dit fut fait. On entra pêle-mêle au cabaret.

— Une tournée de sacré-chien, dit l'un des gentilshommes.

Car la princesse ne s'était pas trompée; c'étaient deux jeunes gens du meilleur monde qui avaient voulu, eux aussi, voir Paris nocturne en sortant de l'Opéra.

Quoique les trois dames fussent bien fagotées, quoiqu'elles eussent abusé du blanc et du noir, des grains de beauté et des cheveux à la chien, elles avaient peur d'être reconnues, car elles se rappelèrent avoir déjà vu ces jeunes gens.

— Pourquoi diable venez-vous ici? demanda le premier à la princesse.

— Que voulez-vous, moi je suis une institutrice et je cherche des élèves.

— Et toi? dit le second à Mlle d'Armaillac.

— Moi, je donne des leçons d'harmonie.

— Pour moi, dit Mme de Morangy, sans être interrogée, je fais des mariages. Je m'appelle Mme de Foy, — cinquante ans de succès, — on ne paye qu'à la séparation de corps, quand les biens sont mangés.

— Ma foi ! je t'épouserais bien, toi?

— Et moi, j'épouserais bien les deux autres.

On convint de souper ensemble, au cabaret de *l'Omelette sans œufs* ou au *Filet inédit*.

On y alla gaiement des deux côtés, on s'attabla au *Filet inédit*, parce qu'à *l'Omelette sans œufs* il n'y avait plus de soupe à l'oignon.

La princesse s'amusa comme une folle et Mme de Morangy comme une noctambule. Mais Jeanne eut beau vouloir prendre le mors aux dents, elle fut rudement distancée par ses amies.

Je crois même que si elle ne se fût pas trouvée là, la vertu de ces deux dames aurait couru quelque danger, car ces deux messieurs y allaient bon jeu, bon argent. Ils trouvaient que la négociatrice en mariages et la pianiste n'étaient pas du tout à dédaigner, même pour des gens habitués aux drôlesses de bonne compagnie.

Il était trois heures du matin quand on se leva de table ; on avait donné deux sous de plus pour avoir une nappe et on avait rougi la nappe pour voir les couleurs de l'orgie. Comme la maison était pleine, la fille de service vint faire cette remarque qu'on restait bien longtemps, au point qu'on avait refusé de donner à souper à des messieurs très-comme il faut. Si l'on ne voulait pas quitter la partie, il fallait faire un peu de place à deux nouveaux venus qui n'étaient pas d'humeur à s'en aller.

A peine cette fille eut-elle parlé qu'une femme entra, cravache à la main, bruyante comme une blanchisseuse, altière comme une princesse. C'était la princesse circassienne qui, elle aussi, voulait voir « Paris la nuit » jusque dans ses antres les plus inconnus.

Celle-là ne s'était pas donné la peine de se déguiser; elle venait telle quelle, n'ayant peur de rien, prête à tout braver, l'impertinence à la bouche et la cravache haute.

Mlle d'Armaillac la reconnut du premier regard.

La Circassienne débuta par ce mot :

— Tiens, c'est la bande des cravates blanches avec des confectionneuses !

La princesse au grain de beauté, piquée au vif, se leva tout d'une pièce, comme pour jeter la Circassienne à la porte.

Mais M. de Briançon venait d'entrer.

— Ah! monsieur de Briançon, dit-elle gaiement, je vous connais ; j'ai joué du piano avec votre cantatrice Marguerite Aumont. Vous faites donc encore des victimes ?

— Des victimes ! s'écria la Circassienne. Je ne connais pas ce mot-là !

Martial avait dévisagé les trois femmes ; quoique Jeanne détournât la tête il la reconnut.

— Ma chère amie, dit-il à la Circassienne, nous nous sommes trompés de porte. Nous ne sommes pas venus ici pour rencontrer des gens du monde.

Il voulut entraîner la princesse ; elle fit siffler sa cravache en signe de volonté ; mais il se rendit maître de cette terrible amazone.

— C'est incroyable, se dit Jeanne quand la porte fut refermée, quoi que je fasse et où que j'aille, Martial est toujours sur mon chemin. Mais que m'importe aujourd'hui puisque je le hais.

LIVRE XXIII

DE LA BEAUTÉ
ET DE L'ART D'ÊTRE BELLE

COMMENT MADEMOISELLE RACHEL SE FIT BELLE.

Vous savez que la princesse Charlotte et Jeanne d'Armaillac étaient la beauté brune et la beauté blonde, brune aux yeux bleus et blonde aux yeux noirs. Un soir qu'elles avaient réuni quelques fins connaisseurs en tableaux — vivants — par exemple d'Orvilly le radieux, Antonio-Belle-Épée, Girardini ; le comte de Saint-Sépulcre, Alkibiades, San-Vittorio, le chevalier Nigro ; le duc d'Alba, le major Fridolin, lord Clytton, Carolus-Hors-rang, Albéric Ier — elles mirent la causerie sur les caractères de la beauté.

Un amoureux de Jeanne s'écria :

— Cheveux blonds et sourcils noirs, Κόμη ξανθή, ὀφρύς μέλαινα.

— Ah ! pour l'amour du grec, souffrez que je ne vous embrasse pas, dit Jeanne en donnant un ongle à baiser.

Mais l'helléniste saisit sa main et fit « un bracelet de baisers. »

Il rappela que la Vénus de Pompéi avait des cercles d'or aux jambes. Mais Jeanne ne lui donna pas son pied comme sa main.

Un amoureux de la princesse vanta les cheveux noirs sur les yeux bleus.

— Les yeux bleus, c'est l'amour.

— Les yeux noirs, c'est la volupté, dit l'helléniste. Vénus blonde avait les yeux noirs.

Le diable parla naturellement de la beauté du diable. Il soutint que toutes les autres beautés n'étaient bonnes que pour faire des antiques. Mais la beauté du diable, c'est la vraie, parce qu'elle donne l'amour du péché. A quoi bon la pureté de la ligne, si elle ne sert qu'à faire des statues vivantes — sans piédestal.

La beauté du diable, c'est la beauté parisienne par excellence. Elle n'a ni principe, ni théorie, ni grammaire. Elle est imprévue comme un ciel de printemps. Elle a ses nuages dans l'azur, ses coups de soleil et ses ombres, ses sourires et ses mélancolies. Elle s'embellit par toutes les métamorphoses.

Dieu a fait l'homme à son image, dit la Bible. C'est plutôt l'homme qui a fait Dieu à son image pour excuser les fautes de l'auteur. Si Dieu a fait l'homme à son image, il faut bien avouer que, pareil à Michel-Ange, il ébauchait plutôt qu'il n'achevait. Aussi Dieu n'a-t-il jamais écrit sur ses œuvres : *Deus faciebat.*

Un critique dira que la nature humaine n'est pas digne de Dieu, voilà pourquoi Dieu donna l'art et l'idéal aux hommes ; l'art et l'idéal, monde intermédiaire entre Dieu et la nature ; l'art et l'idéal, le rêve de Dieu après la création du monde. Dieu ne daignant pas recommencer son œuvre, mit dans l'âme des poëtes et des artistes les visions d'un monde revu, corrigé et augmenté.

Montaigne le premier a dit que l'homme et la femme ne s'étaient habillés que pour masquer leur laideur, car Montaigne trouve que l'homme — il ne fait pas grâce à la femme — est le plus laid des animaux.

Avec Montaigne nous voilà loin de la Genèse, où l'homme et la femme se sont couverts de feuilles de vigne ou de feuilles de figuier pour cacher leur nudité. L'habit, selon Montaigne, n'est ni une question d'atmosphère, ni une question de pudeur ; l'homme et la femme ont reconnu leur laideur et l'ont voulu cacher. Toutefois, Montaigne ne condamne pas toute l'humanité d'un seul coup de plume : « Ce discours ne touche que nostre commun ordre et n'est pas si sacrilége d'y vouloir comprendre ces divines, supernaturelles et extraordinaires beautés qu'on veoid souventes fois reluire entre nous comme des astres, soubs un voile corporel et terrestre. »

Les anciens ne croyaient guère eux-mêmes qu'au beau « supernaturel », puisqu'ils disaient : beau comme une statue. Pour eux, la beauté absolue était le privilége des dieux ; c'était dans l'Olympe seul qu'on trouvait Mars et Vénus, Apollon et Daphné, Jupiter et Léda ; voilà pourquoi le sculpteur grec, qui avait entrevu les dieux de l'Olympe par les yeux d'Homère, était réduit à prendre à sept jeunes filles de radieux fragments pour composer sa Vénus sortant des flots. N'était-ce pas accuser toutes les belles filles de l'Attique?

A Athènes la beauté était d'autant plus divinisée qu'elle était extra-humaine. Polygnote comme Phidias, Apelles comme Zeuxis faisaient : « plus beau que nature », parce que pour les grands esprits — je ne parle pas d'Aristote — l'art est l'expression de la nature et non l'imitation de la nature.

Bouchardon, un sculpteur du xviiie siècle, disait qu'après avoir lu Homère, les hommes lui paraissaient grandis d'une coudée. C'est que les hommes d'Homère sont des dieux. Aussi Homère les compare-t-il à des dieux comme il compare les femmes à des déesses, ou tout au moins à des rois et à des reines qui étaient alors les dieux et les déesses de l'avenir. Il les compare aussi à des arbres, parce que les arbres sont grands et embrassent le ciel. Théocrite tombe déjà dans le gracieux, c'est l'époque alexandrine, la grâce descendra encore, le καλός tombera dans le χαρίεις.

On n'a pas attendu au xixe siècle de l'ère chrétienne pour souligner la beauté par toutes les marques du joli. Les yeux en coulisse sont un mot de l'antiquité. Les Grecs de la décadence n'aimaient plus Vénus si elle n'avait les yeux en coulisse et si elle ne louchait un peu. La beauté divine et royale d'Homère n'est plus que la beauté de Phryné et de Laïs, des Pompadour et des Du Barry avant la lettre. Le grand sentiment du beau n'était plus qu'un désir voluptueux pour les amorces féminines. Mais au-dessus des passions la religion de la beauté dominait toujours. Aristote disait : « Le droit de commander appartient à ceux qui sont beaux ; à ceux qui rappellent les images des dieux on doit la vénération. » Cette religion, d'ailleurs, est venue jusqu'à nous, même en traversant le catholicisme qui effaçait la beauté visible par la beauté invisible, la ligne et la couleur par l'expression. La Bruyère n'a-t-il pas dit à la cour de Louis XIV qu'un beau visage est le plus beau de tous les spectacles.

Nihil magnum quod non est placidum. Rien n'est grand que ce qui est calme ; si rien n'est grand, rien n'est beau ; ç'a été la loi suprême des artistes égyptiens ; c'est la statue sur son piédestal. Les Grecs ont fait marcher la statue, mais ils ont respecté sa dignité placide, dédaignant tous les jeux de l'expression. Il y a une belle idée de Winkelmann, qui n'est souvent qu'un rhéteur aux lèvres de marbre. Il a dit : « La beauté doit être comme l'eau la plus limpide puisée à une source pure. » Les Grecs de la décadence ont versé dans la fontaine leurs amphores pleines de vin.

Aujourd'hui l'expression est un des caractères de la beauté. Selon La Bruyère : « L'air spirituel est dans les hommes ce que la régularité des traits est dans la femme. » Mais les femmes n'obtiennent le grand prix de beauté que si elles sont belles par la ligne et par l'air de tête, par le dessin et par le charme.

Mlle Rachel nous disait un jour chez M. de Morny, qui lui parlait de sa beauté :

« Vous ne vous figurez pas, vous tous qui me trouvez belle aujourd'hui, comme j'ai commencé par être laide. Moi qui devais jouer la tragédie, j'avais le masque comique ; c'était à faire mourir de rire, avec mon front cornu, mon nez en virgule, mes yeux pointus, ma bouche grimaçante. Je vous laisse à penser du reste. Je suis allée un jour avec mon père au Musée du Louvre. Je passais sans trop d'émotion devant les tableaux, quoiqu'il me fît remarquer les scènes tragiques de David. Mais quand je fus au milieu des marbres, il se fit en moi je ne sais quelle révolution qui fut comme une révélation. Je trouvai que c'était beau d'être beau. Je sortis de là plus grande, avec une dignité d'emprunt dont je devais me faire une grâce naturelle. Le lendemain, je feuilletai des gravures d'après l'antique; jamais leçon du Conservatoire ne me fut si bonne. Si j'ai bien parlé aux yeux par mes attitudes et par mes expressions, c'est parce que les chefs-d'œuvre avaient parlé à mes yeux. »

Rachel nous dit cela si bien que nous fûmes émus de ses paroles. On sait qu'elle parlait mieux que qui que ce fût, quand elle ne parlait pas comme un gamin de Paris.

« Ah! j'oubliais, reprit-elle bientôt, il faut que je vous dise que si je suis devenue belle — puisque vous me trouvez belle — je n'en crois pas un mot — c'est que je me suis étudiée chaque jour de ma vie à n'être plus laide. Il y avait du monstre en moi; j'ai immolé le monstre. Comme j'étais en pleine sève, quand cette idée m'est venue de me refaire sur l'ébauche paternelle et maternelle, Dieu aidant, tout s'est arrangé. Dieu, c'est le grand maître à dessiner ; il a bien voulu me retoucher : les bosses de mon front sont tombées, mes cheveux l'ont voilé à l'antique, mes yeux se sont fendus, mon nez a repris la ligne droite, mes lèvres trop minces se sont arrondies, j'ai commandé à mes dents en désordre de se remettre en ligne. »

Rachel se mit à sourire de son fin sourire, qui était le charme même : « Et puis j'ai répandu sur tout cela je ne sais quel air d'intelligence que je n'ai pas. » Elle fut interrompue par trop de compliments, qui étaient des vérités, pour pouvoir continuer l'histoire de ses imperfections. « Eh bien, dit-elle encore, ce qu'il y a de bien en tout ceci, c'est que je n'ai pas voulu être belle pour un homme, — histoire de toutes les femmes,—j'ai voulu être belle au point de vue de l'art dédaignant — le commerce de l'amour — comme disent les philosophes dans leur beau langage. »

Rachel fut applaudie ce soir-là comme jamais. Il n'y avait que cinquante personnes chez M. de Morny ; mais c'était le dessus du panier du tout Paris, un vrai parterre de dilettantes, ce qui vaut mieux qu'un parterre de rois. Et pourtant elle n'avait pas joué la comédie.

Selon un ancien : le visage est la lumière du corps ; on peut dire que les yeux sont la lumière du visage. Homère veut que les femmes aient de grands yeux; il donne à Junon ceux d'une génisse, Théocrite donne à Minerve des yeux de chouette. Vous qui avez vu des génisses, avez-vous vu des chouettes? Quels beaux yeux intelligents et doux, profonds et lumineux ! C'est la douceur de la sagesse.

Dans le Cantique des cantiques, le fiancé dit à la Sulamite à peu près comme Dorat disait à sa maîtresse : « Vous avez blessé mon cœur par une prunelle de vos yeux et par un cheveu de votre cou. »

Dans le Cantique des Cantiques les yeux de la Sulamite sont comparés à des colombes lavées dans du lait au bord d'une fontaine. Image charmante qui montre la douceur des yeux nageant sur des rives limpides. A quoi n'a-t-on pas comparé les yeux ! Gallus a dit que les yeux de sa maîtresse étaient des étoiles. Lactance, que les yeux dans les cils brillent et éclatent comme un diamant dans un anneau d'or. Et combien de fois n'a-t-on pas dit, comme à Alcibiade : « Tes yeux dardent les rayons du soleil. » Mais toutes ces métaphores lumineuses s'éteignent devant ce beau mot du poëte arabe pour exprimer que les yeux sont la lumière elle-même : Dieu avait dit à ses yeux : « Soyez! » Et ils furent.

Tous les poëtes primitifs se contentent presque de parler des yeux pour peindre la femme.

C'était χαριτοβλέφαρος « aux gracieuses paupières ; » ou ἐροβλέφαρος, « l'amour dans les yeux. »

Les anciens aimaient-ils les yeux noirs plutôt que les yeux bleus ? Peut-être, quoique Anacréon se soit pris aux yeux bleus de sa maîtresse. Pour presque tous les poëtes les yeux noirs sont plus doux et plus lumineux ; ils aiment le contraste des cheveux blonds et des yeux noirs ; ils n'ont pas encore inventé les yeux couleur du temps, couleur du ciel, couleur des vagues, les yeux perfides comme l'onde.

Si les yeux ont fait des ravages depuis la création du monde jusqu'aujourd'hui, les cheveux eux-mêmes ont enivré bien des lèvres à leur parfum. Un roi contemporain de Moïse n'est-il pas devenu amoureux d'une touffe de cheveux que les ondes du Nil apportèrent à ses pieds? Étaient-ce les cheveux de la princesse Mautirilis de la XIXe dynastie, celle qui était surnommée la *Palme?* « Le noir de sa chevelure c'est le noir de la nuit. » Elle aussi, sans doute, était vêtue encore de ses cheveux quand elle venait de se déshabiller. Ses beaux cheveux devaient peser deux cents cycles, comme les cheveux d'Absalon.

Vêtu de ses cheveux, voilà une expression qui date du paradis perdu. Saint Paul a dit aux Corinthiens que les cheveux ont été donnés à la femme comme un voile pour la couvrir. Quand Vénus sort des ondes dans le cortége des Grâces et des Cupidons, n'est-elle pas plus belle encore par cette chevelure abondante qui va rayonner sur elle comme le soleil.

Car Vénus était blonde; blonde était Hélène, plus blonde était Daphné; toute l'antiquité a adoré les cheveux blonds; pour tous les poëtes, être blond c'est déjà être beau. Mars était blond comme Achille; on cite un preneur de villes, un héros farouche qui teignait ses cheveux en blond pour avoir la crinière du lion. Messaline était brune mais sa perruque était blonde, soit qu'elle allât au lupanar, soit qu'elle ouvrit le lupanar chez elle.

Ovide a beau s'indigner contre les perruques blondes, les dames romaines persistent à acheter leurs cheveux des Germaines et des Gauloises ; en Bretagne, il y a une chanson qui dit que de-depuis deux mille ans les filles du pays vendent leurs cheveux ; c'est encore là que les achètent nos courtisanes à la mode.

Mais Vénus, Hélène, Daphné, les autres, n'achetaient pas ces cheveux qui semblaient être « en or fin et qui baisaient leurs pieds. »

Grande dispute des poëtes et des amoureux sur les cheveux noirs et sur les cheveux blonds. « Couvre-toi de tes cheveux, dit Sadi, je t'aimerai comme la nuit et j'irai oublier la lumière dans tes bras. » Un poëte arabe a dit : « Tes cheveux noirs battent de l'aile comme le corbeau. » Un poëte grec : « Tes cheveux noirs et vivants comme la cigale. »

Pindare chante la chevelure d'or et la noire chevelure ; mais Horace ne chante que les blondes. Ovide chante la beauté de Léda qui était brune ; mais l'Aurore était blonde, s'écrie-t-il, tout ébloui encore par la belle aux doigts de roses. Un autre poëte a dit : si ses beaux cheveux sont d'or son cou est de lait.

Où commence et où finit le blond ? Les Grecs disent : « les cheveux couleur de miel, » comme Alfred de Musset disait : « blonde comme les les blés. » Couleur du miel de l'Adriatique, car le miel du Nord c'est le blond pâli : le blond des Allemandes, des Suédoises, des Hollandaises ? Il n'y a plus là cette chaleur de ton, cette couleur vénitienne qui captive tous les yeux.

Et l'or flambant qui fait les rousses ! La rousse, beauté méconnue dans l'antiquité plus encore qu'aujourd'hui.

Un poëte dit à une courtisane qu'il ne l'embrassera pas parce qu'elle est rousse. Toutefois les Romaines se teignaient en blond de feu pour mieux exprimer la fureur de leur amour. Salomon avait déjà dit à plus d'une de ses sept cents femmes : « Pourquoi cette pourpre du roi sur ta tête ? » Plus tard un prophète s'est écrié : « Pourquoi cette couleur de sang dans ces cheveux ? » C'était pour rappeler le soleil levant et le soleil couchant.

Les cheveux dorés sont les plus beaux cheveux parce que la lumière est l'idéal de toute beauté. Apollon, le beau des beaux, est, selon Ronsard, tout échevelé de lumière. Quand saint Mathieu parle de la transfiguration de Jésus, il le peint éblouissant comme le soleil, avec ses cheveux qui rayonnent. Homère compare ses déesses et ses mortelles à « Vénus dorée. »

Si l'art n'était pas une création, une œuvre de l'âme qui cherche son chemin vers Dieu, une aspiration vers la lumière éternelle, que serait-ce donc? Un travail de manœuvre. A quoi bon reproduire la nature, sans lui donner le sentiment divin que ne voit pas le profane. Ainsi l'art n'est plus qu'un trompe-l'œil. Aristote s'est trompé en disant : c'est l'imitation de la nature, à moins qu'il n'ait voulu dire : l'artiste imite la nature dans sa création. L'art est l'expression et non l'imitation de la nature.

Si l'artiste se contente de copier ce qu'il voit, il rapetisse le tableau. Je puis admirer sa patience, mais mon âme n'est pas saisie comme par le spectacle de la nature elle-même qui resplendit sous l'œil de Dieu. Le sentiment du beau, du grand, de l'infini, m'emporte déjà. Et si l'artiste a vu le tableau par les yeux de l'âme, comme par les yeux du corps, il m'enlève et m'élève avec son enthousiasme. Il éveille en moi cette parcelle de divinité qui me donnera mon jour de grandeur, même si je vis sur la terre en oublié et en humble d'esprit.

En France nous couronnons des rosières, en Angleterre on couronne non pas seulement les plus sages mais les plus belles.

L'Angleterre, comme l'ancienne Grèce, a bien raison de se préoccuper de la beauté comme de la vertu. La beauté est déjà l'image de la vertu, car elle n'est pas « l'effigie sans âme » dont parle l'Écriture, elle n'est pas la femme sans cœur dont parle Balzac : Être belle, c'est être à mi-chemin entre l'homme et Dieu.

Vous direz que la beauté est la création du hasard et qu'il n'y a pas lieu de récompenser le hasard comme on récompense la vertu qui est une qualité toute personnelle. Eh bien, point du tout, la beauté n'est pas la création du hasard : les monstres ne produisent que des monstres. Pour mettre au monde de beaux enfants, il faut avoir dans son âme le sentiment du beau. Les anciens plaçaient dans la chambre nuptiale les figures de leurs plus belles déesses. Ils allaient jusqu'à pardonner à Phryné parce qu'elle était souverainement belle. Voilà pourquoi la reine d'Angleterre a raison de tenir sa cour de beauté Vous savez comme moi que c'est au « drawing roam, » tous les ans, que lui sont présentées « les débutantes à la cour » celles qui sont dignes de continuer les hautes traditions du livre de beauté.

Toutes les aristocraties, celles de la naissance, celles du génie, celles de la fortune blasonnées ou non blasonnées, présentent les jeunes filles qui seront la mode et qui feront la mode de la saison.

On peut dire que la reine d'Angleterre préside ainsi une académie des Beaux-Arts en action. Elle est d'autant plus dans son droit qu'elle a été fort belle en son temps — il y a bien longtemps.

Naturellement à cette causerie sur la Beauté, chez la princesse, on décida que la princesse brune et sa blonde amie avaient tous les caractères de la beauté.

— Sans compter les grains de beauté, dit le marquis de Satanas.

On regarda les deux jolis signes presque imperceptibles qui étaient comme les concetti de ces deux adorables figures.

A minuit, le marquis de Satanas était resté seul chez la princesse.

— Il y a d'autres grains de beauté, lui dit-il.

— Vous n'en savez rien.

— Et si je vous avais surprise au bain, ô Diane farouche.

— Je ne me baigne pas pour Actéon.

— Eh bien, je vous parie que vous avez un grain de beauté sur le sein?

— Je ne l'ai pas même montré à mon mari.

— Non, mais je l'ai vu.

— Vous.

La princesse regardait le marquis d'un air de défi.

— Oui, reprit-il, rien n'est caché pour moi.

— Qui êtes-vous donc?

— Je suis le diable.

Le marquis salua et sortit.

— Il veut jouer le jeu du diable, dit Jeanne, mais ce n'est pas lui qui m'a endiablée.

LIVRE XXIV

LA DAME AUX DIAMANTS

LA DAME AUX DIAMANTS.

I.

Er Amilton? demandai-je au marquis de Satanas.

Le diable, en me contant une des aventures de ce chercheur d'aventures, me donna l'explication d'une histoire de diamants qui a avivé toutes les curiosités avant la guerre.

On lit quelquefois dans les journaux, sous la signature des reporters des plus officiels : « Fête splendide et miraculeuse, les hommes jetaient l'esprit à pleines mains, les femmes ruisselaient de diamants. »

Nous parlerons tout à l'heure de l'esprit, parlons d'abord des diamants.

Depuis qu'il y a à Paris plus de voleurs que de diamants, les femmes ont inventé une admirable manière de porter leurs pierres précieuses. Elles vont chez un joaillier; elles ouvrent leurs écrins et elles commandent autant de pierres fausses qu'il y a de pierres vraies, à peu près comme un amateur de tableaux ferait copier tous ses originaux pour les jours non fériés.

Mais les femmes ne portent même plus leurs diamants les jours fériés ; elles les portent — à la Banque de France à peu près comme si elles les cachaient à six pieds sous terre; elles se contentent des pierres fausses, disant que nul ne peut mettre en doute qu'elles n'aient les vraies. D'ailleurs, on n'y regarde pas de si près, il n'y a en ce monde que des illusions.

Louis XIV portait à son chapeau le fameux diamant qui a pris le nom du Régent ; la duchesse de Berry le portait sur son sein charmant, où tous les hommes de cour voulaient toucher l'oiseau. Napoléon Ier le portait au pommeau de son épée. Jusque-là on n'avait pas l'idée des diamants faux. Ce fut Mlle Mars, quand on lui eut volé son écrin. Aujourd'hui, toute femme un peu distraite qui porte des diamants court grand risque d'être volée; les plus heureuses sont celles qu'on enlève pour leurs diamants.

On a vu des femmes enlever des hommes pour la même cause, témoin Mlle Marthe, la comédienne — si ingénue — qui a caché dans son cabinet de toilette le prince C — a. Ils en sont morts tous les deux.

Le diable me conta donc à propos d'Amilton l'histoire d'une jolie Américaine dont les diamants ont fait beaucoup de tapage vers la fin du règne de Napoléon III.

II.

En ce temps-là, il survint à Paris un étranger de fort belle mine qui se fit annoncer par les journaux sous le titre du prince Enderberg, prince moderne s'il en fut, qui se donnait les plus belles origines, comme Alcibiade, César, Napoléon, et autres héroïques coureurs de grandes aventures.

Il était accompagné de quatre aides de camp, qui n'avaient jamais fini de conter les hauts faits de leur maître.

Le premier était l'historiographe officiel des actes de courage, de vaillance, de témérité. Le prince avait eu un régiment en Russie, mais il s'était battu en duel avec un grand-duc pour un mot mal sonnant; naturellement il avait blessé le grand-duc qui ne s'en vantait pas et qui niait le duel.

Le second aide de camp était l'historiographe officiel des connaissances supérieures du prince. Il racontait que son puissant seigneur et maître avait fait le tour du monde avec une compagnie de savants, plus émerveillés les uns que les autres de la science géographique de monseigneur; naturellement il avait découvert des terres inconnues où il avait planté son drapeau.

Le troisième aide de camp était l'historiographe officiel de la fortune et de la charité du prince. Combien de prodigalités, mais combien de bienfaits. Naturellement l'empereur de Russie et l'empereur d'Autriche avaient mis la main sur sa principauté, mais sans pouvoir le ruiner tout à fait, parce que ses possessions de mines et de forêts n'étaient pas circonscrites dans sa terre patrimonale.

Le quatrième aide de camp, un poëte célèbre — dans la principauté Enderberg, — était l'historiographe officiel des bonnes fortunes du prince. Jamais don Juan, Lovelace et le duc de Parisis n'avaient fait un pareil massacre de vertus; c'était un bourreau des cœurs s'il en fut, il fauchait des moissons d'amoureuses, il emportait sous chaque bras des gerbes de femmes éplorées. Aussi il ne doutait pas que Paris ne fût bientôt allumé par ses œillades.

Les gens sensés auraient bien pu mettre en doute les hauts faits, la vaillance, la fortune et les séductions du prince Enderberg, mais il n'y a pas de gens sensés à Paris. C'est le pays par excellence où l'on prend les gens, non comme ils sont, mais comme ils se donnent.

Et pourtant, les piéges du prince étaient si grossiers! Ses aides de camp à tour de rôle hantaient les journaux et y chantaient, à dix francs la ligne, les vertus de monseigneur. Par exemple, on lisait dans un papier public :

« Le prince Enderberg était hier à l'Opéra,
« dans l'ancienne loge infernale, avec quelques

« célébrités étrangères. Un de ses aides de camp
« a jeté un bouquet sur la scène quand Mlle Fiocre
« a paru. On assure qu'il y a autant de diamants
« que de roses dans ce bouquet merveilleux : ces
« Russes n'en font pas d'autre. »

Le lendemain, on lisait :

« Le prince Enderberg a loué une avant-scène
« de rez-de-chaussée aux Italiens; c'est un des
« admirateurs de la Patti, il a été souper chez
« elle et a dit au marquis : — Je vous félicite,
« c'est une poule aux œufs d'or, cette poule du
« pays de Caux. »

Toujours à dix francs la ligne.

On insérait au même prix dans un autre journal :

« Hier c'était le petit lundi de l'Impératrice,
« c'était surtout le lundi des étrangers. Le
« prince Enderberg a dansé avec la belle Ambas-
« sadrice aux yeux pers, — une paysannerie de
« son pays — qui a ravi tout le monde. Le prince
« est aussi beau cavalier à pied qu'à cheval, il
« montre autant de grâces à danser qu'à faire
« des armes. »

Il n'en fallait pas tant pour que le prince devînt furieusement à la mode : on se l'arrachait partout, il n'y avait pas de beau cotillon sans lui, on se demandait tous les jours au bois : Le prince est-il arrivé?

Il était aussi familier dans le demi-monde que dans le beau monde. Cora Pearl lui demandait conseil sur un attelage quand Soubise le consultait sur le jeu de l'amour et du hasard.

Ce qui achevait de le placer bien haut dans l'opinion publique, c'est qu'il avait dans son antichambre un hallebardier et un capitaine des gardes : rien ne paraissait plus beau dans un pays aussi démocratique que la France. Bien plus il donnait des décorations ; il avait toute une fabrique occulte où le cachet et la griffe jouaient sur le parchemin. Il disait négligemment qu'il n'avait résigné aucun de ses priviléges, ni celui d'octroyer des titres de noblesse, ni celui de battre monnaie.

Aussi avait-il des amis sans nombre. Ceux qui étaient décorés espéraient devenir comtes par sa grâce, ceux qui étaient comtes espéraient que monseigneur fleurirait leur boutonnière. Ceux qui n'avaient pas souci de ces vanités se contentaient de l'amitié d'un prince qui pouvait battre monnaie.

Eh bien ! on vit à Paris dans un tel chaos et

dans un tel vertige, toujours au bord de l'abîme en rêvant l'ascension, ébloui du jour, affamé du lendemain, dans le gâchis suprême de l'ambition et de l'amour, préoccupé des affaires du cœur dans les affaires d'argent et préoccupé des affaires d'argent dans les affaires de cœur, que les esprits les moins affolés coudoyaient le prince Enderberg, lui donnaient la main, le recevaient chez eux, sans lui demander — ses papiers —. D'où lui venait tout l'argent qu'il prodiguait autour de lui, ici pour des chevaux, là pour des filles? Il jouait aux trois cercles ; messieurs les aides de camp pleuraient l'argent perdu, mais ils s'enivraient dans les festins du prince en disant qu'il fallait que jeunesse se passe.

Il jouait si bien son jeu qu'aussitôt qu'il fut à son zénith il s'éclipsa.

Ce fut un chagrin bruyant — dans le tout Paris. — Il était si bon compagnon. — Et maintenant qui jouera avec moi? s'écria en pleurant Mlle Tournesol. Ce cri du cœur aurait dû rabattre bien des illusions, car Mlle Tournesol gagnait toujours. Mais qui donc a le temps d'être logique?

Le prince avait dit bien haut : — Je vais

chez moi pour chercher de l'argent, car il en faut beaucoup à Paris.

Il y avait bien çà et là un joueur décavé, en proie à de rudes réflexions sur le hasard des cartes, qui disait entre deux soupirs : — C'est Enderberg qui m'a porté la « guigne ; » chaque fois qu'il était là, j'étais bien sûr d'avance que j'allais perdre ; il avait beau dire qu'il perdait toujours, je lui ai vu faire les plus beaux coups.

Cette opinion qui s'exprima çà et là timidement finit par prévaloir ; aussi quand le prince Enderberg reparut à Paris, il trouva quelque froideur dans les cercles, il sentit que tout le monde avait cent yeux pour le voir jouer. Il joua beaucoup moins.

Mais c'était un homme de ressource : on peut jouer sans cartes dans le grand jeu de la vie.

Il se retira un peu du demi-monde pour se consacrer avec plus d'abandon, comme il le disait, aux joies sérieuses du vrai monde. On a vu souvent ce prodige à Paris, que le jour où un homme n'était plus reçu chez les filles, il était reçu chez les femmes du monde, — que dis-je? chez les duchesses et aux Tuileries.

A sa seconde réapparition à Paris, le prince

Enderberg affecta des allures plus sérieuses. Il montra plus de dignité. Il dit qu'il ne manquait pas un sermon; ses aides de camp racontèrent que ce beau sceptique, qui riait de tout hormis de lui-même, avait pris une foi solide dans les pieuses conversations qu'il avait eues avec le pape à son dernier séjour à Rome, où naturellement il était allé au conseil des rois détrônés.

Cette fois c'était l'homme le moins répandu de Paris, il partageait son temps précieux entre la cour et l'église, ne parlant dans ses rares visites mondaines que de l'Impératrice — qu'il ne voyait pas et du père Hyacinthe — qu'il n'avait jamais vu.

— Voyez-vous, disait-il avec un grand détachement des choses d'ici-bas, jusqu'ici je me suis trop éparpillé. Qui se contient s'accroît. Les hautes destinées qui m'appellent m'arrachent de plus en plus aux fêtes parisiennes. Je vais bientôt leur dire adieu : principauté oblige.

On avait beau lui représenter que les grandeurs de ce monde n'obligeaient pas à s'ennuyer, il répondait comme la Bruyère : « Il faut du sérieux dans la vie quand on a charge d'âmes. »

Ce fut alors qu'il se passa une très-romanesque aventure, qui fit beaucoup jaser le monde parisien.

III.

Un soir, aux Italiens, la Patti avait réuni l'escadron volant de la beauté et de la coquetterie — qui a remplacé la grâce — et qui est plus belle encore que la beauté.

La grâce d'ailleurs était présente, puisque, dans l'avant-scène impériale, on voyait l'Impératrice avec Mme de Pourtalès; puisque vis-à-vis, dans l'autre avant-scène, une Anglaise et une Américaine, deux beautés de Keapseake, s'étaient donné rendez-vous pour émerveiller l'orchestre. Non-seulement elles étaient fort jolies — ces deux déjeuners de soleil — mais elles étaient resplendissantes dans les feux de leurs diamants.

Elles s'étaient connues à la dernière saison des bains de Brigton, elles étaient à peu près veuves toutes deux, puisque l'Anglaise avait son mari aux Indes, puisque l'Américaine ne permettait pas au sien de venir à Paris avant d'avoir fait quatre fois fortune.

Elles remarquèrent ce soir-là que le prince Enderberg, qui était dans la loge de l'Impératrice, en visite avec l'ambassadeur de la Sublime Porte, les lorgnait avec acharnement. Elles lorgnèrent tour à tour sa barbe noire qui brillait comme les ailes de la pie.

— Quand on pense, dit l'Américaine, que nous n'avons pas de princes dans notre pays.

— Grâce à Dieu! dit l'Anglaise, il y en a tant à Paris qu'il y en a sur le pavé.

Qui fut bien étonné? ce fut l'Américaine, quand tout à coup l'ouvreuse vint lui dire que le prince Enderberg demandait à être introduit auprès de ces dames.

— Jamais, dit l'Américaine; que dirait mon mari à Boston?

— Il dira ce qu'il voudra, s'écria l'Anglaise.

Et elle fit signe à l'ouvreuse de faire entrer le prince Enderberg.

Il salua les deux dames avec une grâce exquise; il secoua autour de lui une odeur de Jockey-Club qui enivra l'Américaine.

— Asseyez-vous, prince, lui dit-elle.

Le prince sourit et resta debout.

— Mon dieu, madame, je suis touché d'un si gracieux accueil. J'étais tout à l'heure dans la loge impériale; nous vous admirions, nous deux l'Impératrice, vous et votre amie : vous dépassez la permission d'être belles. Il n'y a que l'Amérique et l'Angleterre pour créer de pareilles figures. J'ai fait le tour du monde et je n'ai rien vu de comparable aux Américaines du Nord et aux Ophélies de Brigton; c'est la même origine; or, votre origine, la connaissez-vous ?

Les deux amies regardèrent le prince, qui débita ce paradoxe que j'avais plus d'une fois imprimé :

— Vous descendez en ligne droite de la blonde Vénus, de la blonde Psyché, de la blonde Hélène. Qu'est-ce que la Grèce antique ? Une petite île colonisée par les Anglais primitifs ; aussi, voyez si tous les héros et toutes les héroïnes d'Homère ne sont pas doués de cheveux blonds. Le beau Pâris n'est qu'un Anglais égaré à Troie; la Grèce, c'était les Grandes-Indes pour la fière Albion, il y a quelque trois mille ans.

La dame anglaise trouva le paradoxe fort ingénieux, mais elle décida que le beau Pâris n'était jamais revenu en Angleterre.

L'Américaine était rêveuse; elle ne pouvait contenir sa joie soudaine. Entendre parler un prince! Ah! si elle était venue en Europe avant son mariage, jamais elle n'eût voulu épouser un banquier américain.

Le prince reprit la parole :

— Mesdames, l'Impératrice, par un signe des yeux, vient de me rappeler pourquoi je suis venu en ambassade auprès de vous.

Et s'adressant à l'Américaine :

— Sa Majesté a remarqué, madame, que vous aviez les plus beaux pendants d'oreilles qu'elle eût jamais admirés. Où donc avez-vous découvert ces merveilles? Quel est donc le grand artiste qui a monté ces diamants? C'est un miracle d'orfévrerie.

— N'est-ce pas, prince?

— On vante beaucoup les pendants d'oreilles de Mme de Païva ; mais ces pierres-là ne sont pas si pures que les vôtres.

Comme toute la salle était en ce moment suspendue à la voix et aux gestes de la Patti, l'Américaine jugea qu'on ne la regardait pas.

Elle se pencha en arrière et décrocha une boucle d'oreilles pour la mettre dans les mains du prince.

— Je n'osais vous la demander, dit-il en admirant le bijou. Et pourtant je ferais un bien grand plaisir à l'Impératrice si j'allais la lui montrer, car je ne vous dissimule pas que Sa Majesté est curieuse.

— Comment donc ! s'écria l'Américaine, dépêchez-vous d'aller lui porter ce diamant et rapportez-moi une invitation pour les petits lundis.

— Vous pouvez y compter, madame, pour vous et votre belle amie. J'aurai l'honneur moi-même d'aller vous remettre les invitations.

Le prince se leva. On se confondait en salutations.

— Je vais revenir, dit-il avec un sourire don Juanesque ; si vous le voulez bien, je passerai le troisième acte dans votre loge.

Il était sorti.

— Quel parfum de haute aristocratie ! trouvez-moi un Américain pour avoir cette distinction innée.

— Ah ! ma chère, dit l'Anglaise, il faut naître là dedans.

Elles ne perdaient pas, ni l'une ni l'autre, la loge impériale.

La toile venait de tomber, mais on rappela trois fois la Patti, ce qui fit quelque diversion même dans l'esprit de ces dames.

— Vous comprenez, dit l'Américaine, que le prince ne peut pas entrer dans la loge impériale pendant un pareil triomphe.

Mais quand on fut bien décidément dans l'entr'acte, l'Anglaise remarqua que le prince ne faisait pas son entrée.

L'Américaine commençait à s'impatienter, quand l'impératrice se leva pour passer dans son salon.

— Quel malheur! reprit l'Américaine, nous ne verrons pas comment elle accueille le prince et comment elle admire mon diamant.

— Savez-vous ce qui va arriver, ma chère belle? c'est que l'Impératrice détachera sa boucle d'oreilles pour essayer la vôtre.

— Ah! si nous étions là. Enfin, au prochain lundi, Sa Majesté s'arrêtera pour nous parler quand nous ferons la haie devant elle.

IV.

Au troisième acte, le prince ne vint pas.

— C'est singulier, dit l'Anglaise, il n'est pas non plus dans la loge de l'Impératrice.

— Après cela, il a tant d'amies dans la salle.

Et l'Américaine se penchait pour voir presque toutes les loges.

A la dernière scène, quand tout le monde s'inquiète plus de sa voiture que de la catastrophe finale, quand le monde réel ne fait plus silence devant le monde de la comédie, l'Américaine demanda à l'ouvreuse, qui lui apportait sa sortie de bal, si elle n'avait pas revu le prince.

L'ouvreuse répondit que le prince était parti; que sans doute ces dames le trouveraient sur l'escalier, à moins qu'il n'eût accompagné déjà quelque princesse à son coupé.

— Pourvu, dit l'Anglaise à son amie, qu'il n'aille pas se laisser voler votre diamant par ladite princesse.

Et après un silence :

— Pourvu qu'il n'aille pas vous voler votre diamant !

— Ah ! un homme comme lui !

Les deux amies ne trouvèrent pas le prince sur l'escalier, ni sous le péristyle.

— Êtes-vous bien sûre, dit l'Américaine à son amie, en montant en voiture, que c'était bien lui que nous avons vu dans la loge impériale ?

— Je ne suis plus sûre de rien, dit l'Anglaise.

— Combien vaut-il votre diamant ?

— A peine cent cinquante mille francs, une bagatelle ! Que voulez-vous qu'un prince fasse de cela ?

Quoique l'Américaine vit passer bien des nuages, elle ne voulait pas croire encore qu'elle fût la dupe d'un coquin titré. Elle ne doutait pas que le lendemain le prince ne lui rapportât sa boucle d'oreilles avec une invitation pour les petits lundis. Qui sait si l'Impératrice n'avait pas voulu voir ce bijou tout à son aise, en plein jour, pour juger de la beauté du diamant ?

L'Anglaise avait beau lui dire que c'était une folie de garder de pareilles illusions, elle était encore sous le charme du prince Enderberg.

Il était sans doute arrivé quelque chose d'extraordinaire, mais un si galant homme n'était pas un voleur.

Qui sait, peut-être avait-il laissé tomber la boucle d'oreilles et ne voulait-il pas reparaitre sans l'avoir retrouvée.

Le lendemain, l'Américaine ne sortit pas ; elle pria son amie d'aller au bois et de parler au prince si elle le rencontrait. Pour elle, ne fallait-il pas qu'elle l'attendît à la maison?

Il n'alla pas au bois, il ne vint pas à la maison.

Le soir, l'Américaine attendit encore, pendant que son amie était seule à l'Opéra, interrogeant ses amis sur le prince Enderberg, recueillant les opinions les plus contraires.

Le surlendemain, la pauvre Américaine était malade; elle inventait un roman pour cacher son aventure avec le prince; elle aimait mieux avoir perdu elle-même la fatale boucle d'oreilles que d'amuser tout Paris par l'histoire de ce qui s'était passé.

— Surtout, disait-elle à l'Anglaise, pas un mot de tout cela.

On sonna à sa porte.

Si c'était lui !

V.

C'était le secrétaire général du préfet de police.

— Hélas, dit-elle tristement, c'est le secret de la comédie!

En effet, l'homme de la police, tout de noir habillé, avec aggravation d'une cravate blanche, lui dit qu'il savait sa mésaventure. Il ne s'expliquait pas encore pourquoi le prince avait emprunté la boucle d'oreilles. Peut-être n'était-ce qu'un jeu : le prince était célèbre pour ses excentricités ; mais le préfet de police ne permettait pas de pareils jeux ; il envoyait son secrétaire vers la belle Américaine pour la rassurer ; il savait déjà où était la boucle d'oreilles : il allait avant la fin de la journée ordonner une descente de ses agents qui, il n'en doutait pas, mettraient en mains le diamant.

Et là-dessus, l'homme noir remettait une lettre de M. Piétri, écrite sur un papier de grand format, portant en tête : « *PRÉFECTURE DE*

POLICE », imprimé en belles capitales. Le préfet priait l'Américaine d'avoir confiance en son secrétaire comme en lui-même, il la priait de lui remettre l'autre boucle d'oreilles pour qu'il pût constater que c'était bien la pareille que dans sa légèreté incroyable le prince avait confiée à sa maîtresse.

L'Américaine était touchée jusqu'aux larmes ; elle n'en revenait pas de voir que la police était aussi bien faite à Paris.

— Je savais bien, dit-elle à son amie, que je ne pouvais pas perdre ma boucle d'oreilles ; un pareil diamant se retrouve toujours.

Et sans plus réfléchir, elle ouvrit un petit chiffonnier d'ébène pour prendre l'autre boucle d'oreilles.

Quand elle la remit à l'homme tout noir, il jeta un cri d'admiration :

— Quoi, madame, c'est la huitième merveille du monde, — après vous. — Quoi, madame, c'est un pareil bijou qui court à cette heure le cabinet de travail, — je me trompe — le cabinet de toilette de Mlle Tournesol?

— Oh mon dieu, monsieur, dit modestement l'Américaine, je ne suis pas si enthousiaste que vous de mes pendants d'oreilles, mais je serai tout de même bien heureuse de les ravoir tous les deux. Il me semble que je n'ai plus les balances de ma vie ; je penche d'un côté.

L'homme tout noir prit la boucle d'oreilles.

— Eh bien, madame, je rétablirai les balances comme si j'étais Salomon lui-même.

Sans doute, il avait peur que la dame ne se ravisât, car il salua et sortit sans lui laisser le temps de la réflexion.

Il ne revint pas.

VI.

L'Américaine l'attendit comme elle avait attendu le prince Enderberg.

Deux jours après, elle crut comprendre.

Elle courut à la préfecture de police. M. Piétri était absent ; elle demanda son secrétaire et fit passer sa carte. Le secrétaire lui donna audience à l'instant même ; elle parut surprise en entrant parce qu'elle ne voyait pas devant ses yeux l'homme tout noir, le secrétaire apocryphe.

Elle paraissait chercher des yeux.

— Le secrétaire de M. le préfet?

— C'est moi, madame.

— C'est vous! je suis volée!

Le secrétaire pensa qu'elle était folle. Elle conta ses deux mésaventures.

Le secrétaire ne pouvait s'empêcher de sourire parce que la comédie avait été bien jouée.

— Madame, dit-il à l'Américaine, le prince Enderberg est déjà loin de Paris. Je vais donner des ordres par le télégramme pour qu'il soit appréhendé au corps.

— A l'oreille! monsieur le secrétaire, à l'oreille! s'écria l'Américaine qui ne voulait pas se laisser abattre par le chagrin.

— Pour ce qui est de celui qui a pris mon titre, continua le secrétaire, j'espère que nous aurons le bras assez long pour mettre la main sur lui.

— Ah! monsieur, que ne suis-je venue hier!

— Que voulez-vous, madame, il y a tant de rois détrônés et de princes sans emplois.

Or, que devenaient les diamants de l'Américaine pendant que la police cherchait le prince Enderberg qui avait disparu?

Vers ce temps-là, on s'occupa beaucoup de Robert Amilton qui avait pris le haut du pavé. On avait parlé de ses chevaux; on parla de ses femmes. Il ressemblait furieusement au prince Enderberg. Pourquoi ne remarqua-t-on pas que l'un arrivait toujours à Paris quand l'autre en sortait?

Quand l'Américaine désespéra de revoir jamais ses fameux pendants d'oreilles, une voix secrète lui disait encore qu'il n'était pas impossible qu'elle ne les retrouvât. Elle ne quittait guère son amie d'outre-Manche qui, elle-même, ne pouvait s'imaginer que tout fût fini.

Les Indiens ont représenté l'espérance par un charmant symbole, c'est une figure à deux faces qui sourit encore même quand elle fuit; on sent qu'elle s'en va, mais, comme elle vous regarde encore d'un air sympathique, qui sait si elle ne va pas rebrousser chemin?

Un matin, la dame aux diamants reçut une lettre que je vais donner ici telle quelle :

« Madame,

« Vous avez dû être quelque peu surprise de
« ne pas me voir revenir l'autre soir avec votre

« diamant. J'aime à croire que vous n'avez au-
« cune inquiétude. L'Impératrice l'a fort admiré.
« A la fin de la représentation, comme je vou-
« lais retourner vers vous, un de mes amis a eu
« la folie de me le prendre pour le montrer à une
« demoiselle de sa connaissance. Il devait reve-
« nir au foyer au bout d'une minute, pas une
« seconde de plus.

« Or, ladite demoiselle, qui joue avec le feu
« parce que c'est son métier, a gardé le diamant
« sous prétexte qu'elle l'avait laissé tomber dans
« son corsage; la minute passée, j'ai couru au-
« devant de mon ami; il m'a fallu aller jusqu'à
« la baignoire de ladite demoiselle.

« J'ai trouvé son amant qui la rudoyait de la
« belle manière, mais elle ne voulait rien en-
« tendre. Elle s'indignait qu'il voulût la faire
« déshabiller. Elle me prit à témoin. Elle m'in-
« vita à souper, me disant qu'elle me remettrait
« le diamant.

« Je vous avoue que je voulais presque le
« prendre où il était; mais, quoique prince, on
« a de la pudeur.

« J'avais d'ailleurs affaire à une gaillarde ca-
« pable des scènes les plus violentes. J'ai jugé

« qu'il fallait la prendre, c'est-à-dire prendre le
« diamant, par la douceur. Mais en voici bien
« d'une autre : arrivé chez la demoiselle, je vis
« une femme qui venait de se trouver mal, qui
« voulait se jeter par la fenêtre ou se tirer un
« coup de revolver. Je croyais rêver tout éveillé.

« Où était le diamant ?

« On ne le trouva pas ce soir-là, ni le lende-
« main, ni le surlendemain. J'étais désespéré.

« Enfin, après trop longtemps, je reçois ce bil-
« let de Mlle Tournesol qui vous prouvera que j'ai
« été le jouet de la plus capricieuse des femmes.

« Agréez, Madame, l'expression de mes sen-
« timents les plus respectueux.

« Le prince ENDERBERG. »

Après avoir lu cette lettre, l'Américaine, de
plus en plus surprise, déplia le petit billet de
Mlle Tournesol.

« Mon cher prince,

« Vous comprenez bien qu'une femme comme
« moi ne cède pas aux menaces d'un prince
« comme vous.

« Vous imaginez-vous donc que c'est la pre-
« mière fois que je remue des diamants? mais
« j'ai nagé dans ces rivières-là.

« Vous m'avez offensée par vos soupçons, voilà
« pourquoi j'ai voulu vous punir en gardant
« la boucle d'oreilles. D'ailleurs, je savais que
« j'allais désoler une femme du monde, c'est
« toujours cela de pris sur l'ennemi.

« Aujourd'hui que je vous ai mis en pénitence
« vous et elle, je vous avertis que je vous re-
« mettrai ce soir la boucle d'oreilles que j'ai
« réchauffée dans mon sein... »

L'Américaine n'acheva pas la lecture de cette lettre.

— L'insolente! dit-elle en froissant le billet. Si je m'écoutais je ne porterais plus cette boucle d'oreilles. Voilà pourtant à quoi nous sommes exposées avec ces drôlesses qui voient les mêmes hommes que nous. Les hommes sont bien peu de chose pour se commettre avec de pareilles créatures.

L'Anglaise vint calmer l'Américaine :

— Consolez-vous, ma chère amie. Que vous fait l'orthographe de cette coquine? vous allez avoir votre boucle d'oreilles. Que vous importe qu'elle l'ait réchauffée dans son sein? Le diamant est trop pur pour ne pas se révolter de tels attouchements. Et maintenant que vous avez une boucle d'oreilles, il faut ravoir l'autre.

— Espérons, dit l'Américaine, que celle-là me sera rendue par la préfecture de police.

— Que pensez-vous du prince Enderberg?

— Je pense que c'est un prince charmant, dont on dit beaucoup de bien et de mal, comme de tous les étrangers et de toutes les étrangères. Puisque le voilà revenu à Paris, c'est qu'on l'a calomnié.

L'Anglaise lut les deux lettres à vol d'oiseau.

— Oui, dit-elle, tout cela est vraisemblable, on n'invente pas des lettres comme celle de Mlle Tournesol.

VII.

Le soir même le prince Enderberg sonna chez l'Américaine.

Elle dormait sur sa chaise longue; elle ne

voulait pas recevoir, mais le désir de revoir sa boucle d'oreilles la réveilla.

Le prince, tout en la saluant, lui présenta une petite boîte de porcelaine de Saxe où la boucle d'oreilles était couchée dans du coton.

— Enfin, madame, j'ai pu ressaisir ce bijou. Il m'a semblé que depuis quelques jours je jouais un rôle de Lassouche dans une comédie du Palais-Royal. Je n'en dormais plus.

— Vous voyez, prince, dit l'Américaine d'un air dégagé, que je n'en avais pas perdu le sommeil, puisque votre coup de sonnette m'a réveillée d'un sommeil profond.

La dame avait repris sa boucle d'oreilles comme pour refaire connaissance avec elle; puis, jetant son œil américain sur le prince pour étudier l'expression de sa figure, elle lui dit :

— Vous savez, prince, que j'ai perdu l'autre boucle d'oreilles; si j'avais de la rancune je vous en voudrais beaucoup, car, après tout, c'est bien de votre faute.

— Que voulez-vous dire?

Le prince avait l'air de ne pas comprendre. Il se fit conter l'histoire de l'homme tout noir, comme s'il ne la savait pas.

— Eh bien! madame, dit-il en s'indignant tout haut, c'est à moi de vous rendre cette boucle d'oreilles; si on ne la retrouve pas, vous en demanderez une à M. Moïna; mon devoir sera de la payer; je suis, d'ailleurs, en compte avec lui.

— Jamais! mon cher prince.

Le prince insista.

— Songez donc, madame, que je me trouverais trop récompensé par un sourire de vos yeux; voilà deux vrais diamants incomparables. Et vos dents! des perles fines s'il en fut.

L'Américaine sourit pour mieux montrer ses dents et ses yeux.

— Vous raillez, prince : pourquoi ne parlez-vous pas de mon épaule : du marbre de Paros, et de mes cheveux : des flots d'ébène.

— Je ne ris pas, dit le prince, je ne suis pas un sceptique, je suis tout de passion et d'enthousiasme; aussi, quand je vous ai vue, pourquoi ne pas vous le dire, je suis tombé éperdument amoureux de vous.

— Pourquoi pas? à Paris, l'amour pousse dans le cœur comme des champignons, mais il y a tant de champignons qui empoisonnent! Ne me parlez pas de l'amour, j'en ai peur.

— Alors, qu'est-ce que vous faites de votre beauté?

L'Américaine voulait dire : « Je la garde pour mon mari. » Elle se contenta de dire :

— Je la garde pour moi.

— D'ailleurs, reprit-elle, ce n'est pas à vous que je confierais mon cœur, car vous iriez le perdre avec ces demoiselles.

Le prince avait prit des airs passionnés.

— Pouvez-vous me dire cela? Mais si j'avais le droit de vous aimer je passerais ma vie à vos pieds. Je suis allé dans votre loge aux Italiens pour obéir à l'Impératrice, mais surtout pour obéir à mon cœur; vous êtes de celles qu'on aime avant de les connaître.

A ce mot tant de fois imprimé, mais nouveau pour le Nouveau-Monde, l'Américaine sonna et demanda du thé.

Le prince comprit qu'il avait droit de cité dans la maison.

Se trompait-il? Le plus souvent les Américaines sont très-expansives, mais très-malicieuses, ce sont des salamandres qui traversent le feu sans se brûler. Chez elles, le plaisir de la résistance est plus impétueux que le désir de l'amour.

Mais elles ne pardonnent pas à un homme s'il ne tente de mettre leur vertu en danger. Elles ont raison. Il n'y a de vertu que là où il y a eu combat.

Je n'étais pas là quand le prince Enderberg et la belle Américaine prirent le thé ensemble; ce n'était ni dans du vieux Saxe, ni dans du vieux Sèvres, ni dans du vieux Japon.

Mais pourtant, le prince a confié à Mlle Tournesol, — l'indiscret! — que le thé de l'Américaine était exquis.

Un bonheur — j'ai failli dire une boucle d'oreilles — ne vient jamais seul.

Le lendemain du jour où l'Américaine avait pris le thé avec le prince, le commissaire du quartier Saint-Philippe-du-Roule demanda à parler à la dame.

Elle comprit qu'il serait sans doute question de son autre boucle d'oreilles; aussi, quoiqu'elle fût encore couchée, elle s'habilla en toute hâte pour recevoir cette autre providence.

— Madame, lui dit-il, une personne qui désire garder l'anonyme m'a prié de vous remettre cette boucle d'oreilles que vous avez perdue.

— Je vous remercie, monsieur, dit l'Américaine, mais je vous ferai remarquer que je n'avais pas perdu cette boucle d'oreilles : on me l'avait prise. Un homme qui osait se dire le secrétaire du préfet de police...

— Oui, madame, je sais toute cette histoire. Il y a là dedans un mystère singulier. Peut-être n'est-ce qu'un jeu. Quoi qu'il en soit, voilà votre seconde boucle d'oreilles. On sait déjà à la préfecture de police que le prince Enderberg vous a rapporté l'autre hier.

— En vérité, monsieur, vous avez des sorciers autour de vous, car c'est à peine si je le sais moi-même : je ne l'ai dit à personne, je me suis endormie après la visite du prince, je me réveille pour vous recevoir, je me demande si ce n'est pas un rêve.

Le commissaire de police salua et sortit.

Quelques minutes après l'Anglaise entra.

— Ah! ma chère amie, lui dit l'Américaine, jetez-vous dans mes bras, j'ai mes deux boucles d'oreilles!

— En croirai-je mes yeux?

On regarda les deux boucles d'oreilles.

— Et si on les avait changées en nourrice.

— Oh! je les reconnais bien! ne voyez-vous

pas cette tache imperceptible dans le soleil et ce petit point noir sur la monture? Ah! mes chères boucles d'oreilles! il faut que je les embrasse.

Et l'Américaine porta les diamants à ses lèvres.

VIII.

A quelques jours de là, la dame aux diamants donna une petite fête carnavalesque.

Elle ne voulait avoir qu'une douzaine d'amies avec une douzaine de cavaliers, mais ses deux salons du boulévard Malesherbes faillirent sauter par la fenêtre tant il y avait de monde.

Du meilleur et du plus mauvais, comme dans presque tous les salons ; naturellement les comédiennes de théâtre s'étaient mêlées aux comédiennes du monde, — le monde, — un bien meilleur conservatoire que le Conservatoire de déclamation.

La dame aux diamants n'était plus maîtresse chez elle tant on était entré de vive force à la faveur du masque, mais elle avait trop d'esprit pour se fâcher puisque tout le monde s'amusait. En toute chose, il faut aimer l'imprévu. Si l'almanach nous disait jour par jour nos actions futures, à peu près comme il indique la pluie et le beau temps, nous n'aurions aucun plaisir à vivre. Le hasard doit mener le bal comme le monde.

La belle Américaine était ravie de s'amuser sous le masque. Elle pouvait se risquer dans les conversations et dans les valses les plus éperdues.

Pourquoi la vanité lui avait-elle conseillé de mettre ses boucles d'oreilles?

Elle ne voulait pas être reconnue dans ses hardiesses fantasques; mais elle ne voulait pas non plus passer pour une bourgeoise parisienne qui fait sa tête avec des pendants d'oreilles de mille francs.

Le prince parut un instant à la fête.

— Vous savez que je ne vous reconnais pas, dit-il à l'Américaine, mais ce n'est pas étonnant, je ne me reconnais pas moi-même au milieu de ce tohu-bohu; prenez garde à vos boucles d'oreilles, car on va vous dire des choses si brû lantes qu'elles pourraient bien prendre feu.

Et, sur cette moquerie, le prince s'éclipsa.

Un jeune Turc, qui vivait à Paris sur les diamants et qui ne connaissait pas du tout la dame, lui dit en passant :

— Pourquoi, diable, as-tu deux morceaux de verres cassés à tes oreilles? C'est dommage, car tu es bien habillée et bien déshabillée : *Worth fecit.*

— Que veux-tu dire avec ton verre cassé? Je te conseille d'en donner de pareil à la femme qui aura le malheur de faire ton bonheur.

— Oh! ma chère, je ne sais pas si j'aurai le malheur de faire le bonheur d'une femme, mais ma femme sera une vraie femme qui n'aura ni diamants faux, ni perles fausses.

Le jeune homme regardait de plus près les pendants d'oreilles.

—Vous êtes orfévre, M. Josse, dit l'Américaine.

Et elle fit un demi-tour pour cacher sa colère.

— Cet animal-là! pourquoi me dit-il que mes diamants sont faux? Est-ce qu'il veut me les marchander?

Au même instant, une nouvelle venue faisait bruyamment son entrée.

C'était Mlle Tournesol. Son amant de la dernière heure avait été forcé de la conduire à cette petite fête au lieu d'y conduire sa femme. Elle avait promis d'être sage, de parler correctement comme un académicien, de ne pas lever le pied, et de boire de l'eau si elle soupait.

Mais dès qu'elle fut entrée, elle oublia qu'elle n'était plus chez Laborde; elle prit violemment un danseur de ses amis et l'entraîna dans une valse à tout casser.

Comme elle était presque aussi décolletée qu'une femme du monde, comme elle avait des cheveux vénitiens, comme ses yeux flambaient sous le masque, tous les regards coururent à elle.

. On mit en avant vingt noms du livre héraldique; tout le monde avait la prétention de la connaître et de la reconnaître.

— Et vous? dit l'Anglaise à son amie, me direz-vous son nom?

L'Américaine était stupéfaite et ne répondait pas.

— Mais, regardez donc ses boucles d'oreilles, dit-elle à l'Anglaise.

— Oh! mon Dieu! ce sont les vôtres.

L'Américaine avait déjà deux fois porté la main à ses oreilles.

— Ces maudits diamants me feront mourir.

— C'est la comédie qui continue.

L'Américaine se précipita du côté du Turc pour une consultation.

Pendant ce temps-là le valseur de Mlle Tournesol s'extasiait devant ses boucles d'oreilles.

— C'est singulier, lui dit-il, il y en a de toutes pareilles dans cette fête : c'est à s'y méprendre.

— Que me dites-vous là? c'est un prince qui me les a données.

— Eh bien! c'est peut-être lui qui a donné les pareilles à madame ***.

La valse était finie, Mlle Tournesol prit le bras de son valseur en le priant de la conduire du côté de la dame.

— Est-ce que vous voulez lui arracher les yeux?

— Non, les oreilles.

Justement l'Américaine, qui avait pris le bras du Turc, venait du côté de Mlle Tournesol.

Je vous laisse à penser quelle fut la rencontre de ces deux astres.

On eut cent yeux pour se dévisager.

— Quelle est donc cette femme qui a des boucles d'oreilles comme moi? dirent-elles toutes les deux.

Et toutes les deux ajoutèrent :

— Les siennes sont fausses.

L'Américaine se pencha vers le Turc.

— Eh bien? M. Josse, que pensez-vous des diamants de cette dame?

— Mon Dieu, madame, il ne faut pas avoir remué beaucoup de diamants pour affirmer que cette dame déshonore ses oreilles comme vous déshonorez les vôtres.

— C'est impossible!

— Madame, je vous jure que ce sont des bouchons de carafe admirablement taillés et admirablement montés. On appelle ça aujourd'hui du diamant américain. J'aime autant deux gouttes d'eau de la chute du Niagara.

Quoique le valseur de Mlle Tournesol ne fût pas marchand de diamants, il se hasarda à lui dire :

— Ce n'est pas vrai, n'est-ce pas, tous ces diamants-là?

— Ce n'est pas vrai!

Un point d'exclamation de la plus belle encre!

— Ce n'est pas vrai! Mais pour qui me prenez-vous? pour une rosière? Ceux de cette dame je ne dis pas, mais les miens!

Et, s'approchant de la dame, Mlle Tournesol lui dit à brûle-corsage :

— N'est-ce pas, ma petite, que mes diamants sont vrais et que les tiens sont faux?

— Madame, répondit l'Américaine, j'allais vous dire absolument la même chose.

Le Turc voulut les mettre d'accord en leur disant la vérité, mais ni l'une ni l'autre n'en voulait démordre jusqu'au moment où un éclair traversa à la fois l'esprit des deux femmes.

— Nous sommes jouées, s'écria Mlle Tournesol; je suis furieuse d'avoir été la dupe du prince Enderberg.

Elle détacha ses boucles d'oreilles, les jeta devant elle et les piétina.

— C'est égal, dit le valseur, je vous les ramasse toujours, car si les diamants étaient vrais!

L'Américaine était presque évanouie.

— Et pourtant, dit-elle tristement, j'avais deux pendants d'oreilles qui avaient coûté deux cent cinquante mille francs. Qui donc les a?

Celui qui les avait c'était le prince Enderberg.

Il disparut tout à fait le lendemain au point

du jour. Mais si vous voulez en avoir des nouvelles, adressez-vous à Robert Amilton.

Je ne dirai pas les deux font la paire, puisque les deux ne font qu'un.

Et Mathilde la chiffonnière? Avait-elle remplacé Mlle Tournesol? Non. Les deux fumiers n'avaient pu vivre ensemble. Amilton s'était enfoncé dans le gouffre, tandis que Mathilde, tout en courant les amoureux comme M. de Briançon courait les amoureuses, s'élevait tous les jours par l'éducation et par le sentiment à travers les nuées de la mauvaise vie. C'était plus une âme qu'un corps. Elle vivait du péché, mais elle haïssait le péché.

LIVRE XXV

MADEMOISELLE DE MONVILLE

I.

UNE FEMME QUI SE JETTE A L'EAU.

Une jeune fille venait de nous dépasser. Elle marchait rapide et voilée.

— Celle-là ne se promène pas au clair de la lune, me dit le marquis de Satanas.

Et il fit un pas en avant pour la reluquer.

— Il n'y a pas de quoi se promener au clair de la lune, dis-je à mon compagnon.

En effet, le vent sifflait en tourbillonnant dans la neige. La nuit était sombre, pas une étoile ne perçait les nuées. Les lumières de Paris, pâlies par le froid, n'étaient plus que les larmes d'argent de la robe noire, le catafalque de l'univers sur la nature au tombeau.

— Oui, dit le diable, il fait un temps de chien.

— Un temps à ne pas mettre le diable à la porte.

— Vous voulez faire de l'esprit; ce n'est pas le moment. Vous feriez mieux de marcher vite pour suivre cette jeune fille.

Je dis au diable que ce n'était pas la peine : puisqu'elle avait pris le train express, c'est qu'elle avait un but déterminé. On ne va pas à la vapeur pour chercher des aventures.

Mais le diable me fit comprendre qu'il était curieux de savoir où elle allait.

Nous la suivîmes jusqu'au pont Royal. Là, elle s'arrêta tout à coup, se pencha sur le parapet et regarda la Seine.

— Est-ce qu'elle va se jeter à l'eau?

Je voulais courir à elle pour l'empêcher de faire une bêtise, mais le diable me retint avec violence.

— Chut! me dit-il, c'est vous qui allez faire une bêtise. S'il est dans la destinée de cette femme de se jeter à l'eau, il faut qu'elle se jette à l'eau. Il n'est pas en votre pouvoir de la sauver. Et d'ailleurs qui vous dit qu'elle va se jeter dans la Seine?

— Ce serait dommage, car elle me semble douce et jolie.

Le diable se mit à rire.

— C'est le pêcheur qui parle en vous et non le sauveur, me dit-il en me retenant toujours.

Quelques passants troublèrent la jeune fille et l'éloignèrent du parapet. La mort aime la solitude, comme l'amour.

— Comme vous dites, elle est jolie, reprit le diable. Je la connais bien. Si elle n'avait fait le signe de la croix devant Saint-Roch, j'irais lui parler.

— Laissez-moi lui dire un mot.

Mais le diable me retenait toujours par sa main d'acier.

Le réverbère éclairait alors la jeune fille, debout, au milieu du pont. Un fiacre passa; elle faillit se faire rouer. Le vent, dans sa violence, soulevait son chapeau, sans qu'elle y prît garde. Elle serrait sur ses épaules un plaid noir et blanc qui indiquait tout à la fois une femme de chambre de bonne maison ou une femme du monde qui brave le luxe.

— Je ne devine pas son extrait de naissance,

dis-je au diable, mais elle a un joli pied et elle est chaussée comme une duchesse.

— Ou comme une coquine, dit Satan.

— Une coquine ne se jetterait pas à l'eau.

— Ni une duchesse. Aussi n'est-elle ni l'une ni l'autre.

Je voulais toujours me dégager de la main de celle du diable, mais il tenait bon.

Il me fit remarquer, à l'autre parapet, un homme tout noir qui venait de descendre de fiacre et qui se penchait pour voir la Seine comme avait fait la jeune fille.

— En voilà encore un qui veut boire un coup.

— C'est qu'il aime l'eau glacée. Il faut avoir soif, par ce temps inouï.

Pendant que nous regardions l'homme, la femme, par un mouvement rapide, s'était précipitée.

Je poussai un cri et je voulus me précipiter aussi.

— C'est inutile! me dit le diable en me torturant la main.

En effet, en entendant mon cri, l'homme tout noir s'était retourné et il avait vu la femme se

UNE FEMME QUI SE JETTE A L'EAU.

jeter à l'eau. Il courut en toute hâte et se jeta à son tour.

J'entrainai le diable contre le parapet. Quoique la nuit fût sombre, comme les eaux étaient très-hautes, on voyait vaguement la surface.

— C'est fini, dis-je, ils ne reparaissent ni l'un ni l'autre.

— Soyez sans inquiétude, me dit le diable, l'homme sauvera la femme.

— Pourquoi voulez-vous qu'il la sauve, puisqu'il voulait mourir lui-même?

Deux passants vinrent se joindre à nous.

— Que se passe-t-il? nous demanda l'un d'eux.

Satan, qui avait lu La Fontaine, répondit par les deux vers :

« Je ne suis pas de ceux qui disent : Ce n'est rien,
C'est une femme qui se noie. »

Un des deux passants s'esquiva, comme s'il n'avait pas entendu. L'autre, qui savait nager, s'écria :

— Mon Dieu! quel malheur que je ne sache pas nager!

Celui-là fut quelque peu puni de son mensonge, car le vent emporta son chapeau.

Le diable lui dit :

— Vous savez nager. Allez donc chercher votre chapeau.

Le second curieux disparut.

— Moi, je sais mal nager, dis-je au diable, c'est égal, donnez-moi la liberté.

Le marquis de Satanas, le plus poliment du monde, me dit que je m'en ferais mourir.

Il me retenait de toutes ses forces.

— Il est trop tard, me dit-il.

Je tentai une secousse violente pour me jeter à la Seine, mais le diable me dit :

— Ce n'est pas la peine ; elle est sauvée. Voyez plutôt.

Je vis un homme entraînant une femme vers les bateaux.

Nous descendîmes en toute hâte.

Je reconnus la jeune fille en noir. Un second sauveteur apportait son plaid.

C'était déjà une morte.

On eut beau la secouer, la retourner, la renverser, la frictionner, elle ne revint pas à elle.

Un médecin arriva qui l'examina et qui dit :

— C'est fini. Le sang a noyé le cœur.

En effet, la jeune fille avait le flanc tout bleu.

Sans doute elle était morte sans angoisses, car elle souriait à demi.

— Quel malheur, dit un curieux, car elle était bien belle.

— Pourquoi s'est-elle jetée à l'eau? demanda un second curieux.

Le marquis de Satanas souleva la noyée dans ses bras.

— Voyez? dit-il au médecin, elle n'est pas morte puisqu'elle me regarde.

— Oui, dit le médecin, elle vous regarde, mais elle ne vous voit pas.

On trouva dans la poche de la noyée une lettre qui donna son nom.

C'était Mlle de Monville.

II.

LA FEMME BATTUE.

JE voulais me donner le luxe de passer toute une heure avec moi-même, ce qui ne m'arrive jamais.

Mais à peine étais-je seul, que mon valet de chambre entra dans mon cabinet en m'annonçant un de mes mille et un amis.

— Vous savez bien que je n'y suis pas, dis-je avec impatience.

Mais déjà M. Daniel de la Chesnaye était sur le seuil de la porte.

— Je ne vous tiendrai que cinq minutes, me dit-il en entrant.

— Cinq minutes, lui dis-je avec une bonne

grâce inaccoutumée, c'est quatre minutes de trop. Je poursuis un problème mathématique, n'allez pas mettre un grain de poussière sous la roue du temps.

Mon mille et unième ami essaya de sourire, mais je remarquai sa pâleur.

— Que vous est-il donc arrivé? lui demandai-je avec une soudaine sympathie.

— N'est-ce pas, me dit-il, comme je suis métamorphosé? Ce gai viveur du dernier hiver traîne aujourd'hui son linceul. Mais je ne veux pas vous ennuyer de ma confession, je viens vous demander une signature.

— Mon cher ami, je ne signe plus de billet, même pour les autres, la vue du papier timbré me fait tomber en syncope. Vous savez que la République m'a destitué de tout.

— Vous aurez votre revanche; mais rassurez-vous, je ne viens pas vous apporter des billets à ordre, il me faut votre signature pour donner du crédit à une noble cause.

— Parlez.

J'avais traîné un fauteuil devant moi. Daniel de la Chesnaye resta debout et roula une cigarette.

— Mon cher ami, vous savez qu'il y a la Société protectrice des animaux.

— Oui, grand bien leur fasse ! j'y ai déjà donné ma signature.

— Il s'agit d'une autre Société, la Société protectrice des femmes.

— Vous êtes fou ! il faudrait plutôt une Société protectrice contre les femmes.

— Ne riez pas, c'est sérieux.

Je regardai mon ami qui avait une expression de profonde tristesse.

— Oh ! me dit-il avec un soupir, le monde est ainsi fait qu'on a des larmes pour une bête qu'on frappe et des moqueries pour une femme qu'on bat.

Daniel jeta son chapeau sur le tapis.

— Que voulez-vous ? s'il y a des créatures comme la femme à Sganarelle qui veulent être battues : il ne faut jamais discuter sur les amusements.

Daniel me prit la main.

— Je vous en prie, mon cher ami, ne blaguons pas. Vous voyez à ma figure que ce n'est plus le moment avec moi ; il y a six semaines que je n'ai ri.

— Que voulez-vous? je ne puis m'empêcher de trouver votre idée trop originale; je veux bien dire avec vous que le monde est absurde de s'intéresser plus aux bêtes qu'aux femmes; mais vous ne parviendrez jamais à créer une Société protectrice pour la plus belle moitié du genre humain.

— Tant pis pour vous, si vous ne comprenez pas que la femme est encore aujourd'hui l'esclave antique soumise à notre brutal despotisme. Enfant, nous l'emprisonnons dans un couvent. Jeune fille, nous la vendons pour sa dot à quelque mari usé ou blasé qui la condamne au régime cellulaire. Mère de famille, elle est l'esclave de ses enfants. Voilà pour la femme riche. Pour la femme pauvre, c'est bien pis : l'école et le travail, le travail et l'école, l'atelier et la dépravation, le supplice de Sisyphe et le supplice de Tantale, la prostitution à tous les degrés, sinon les travaux forcés à perpétuité : voilà la plébéienne. Et être battue par dessus le marché, qu'on soit femme du peuple ou qu'on soit femme du monde.

J'avais écouté gravement.

— Le tableau que vous faites là, mon cher ami, est d'une vérité cruelle. J'ai toujours pensé comme vous que la femme était sacrifiée, quel que fût le degré de l'échelle sociale. A toutes les stations de leur vie, il y a des larmes; il leur sera beaucoup pardonné parce qu'elles auront beaucoup pleuré.

— A la bonne heure, vous me comprenez.

— Eh bien, non, je ne vous comprends pas. C'est une folie de croire qu'on peut empêcher la femme d'être malheureuse. On met un bourrelet aux enfants, mais on ne met pas un garde-fou pour empêcher la femme de tomber dans les misères du mariage ou dans les désespoirs de l'amour; c'est son rôle d'être victime, elle aime mieux cela que d'être bourreau.

— Ainsi vous ne voulez pas signer, comme sociétaire, les statuts de mon club protecteur des femmes.

Je regardais toujours mon ami avec une vague inquiétude : je me demandai sérieusement s'il n'était pas un peu fou. Il avait bien la mine d'un homme qui perd la tête; mais comme je ne l'avais jamais reconnu pour un esprit sensé, je ne m'étonnais pas trop de ses divagations; le monde est un vaste Charenton où tout le monde apporte sa marque de fabrique.

Que de billevesées nous viennent des plus sages ! S'il descendait un habitant de la lune ou des étoiles pour nous juger, trouverait-il celui-ci beaucoup plus raisonnable que celui-là ?

Les folies de l'ambition, qui remuent si violemment le monde, sont-elles donc moins des folies que les folies de l'amour qui ne font de révolutions que dans les cœurs ?

— Voyons, dis-je à Daniel, que vous est-il arrivé pour que vous vous mettiez ainsi à prêcher pour la femme ?

— Ce qui m'est arrivé !

Il voulait parler, il se tut.

Je le regardai face à face ; il essaya de masquer sa pâleur, son inquiétude, son désespoir, par un air de sérénité qui ne me trompa plus.

Je lui portai la main sur le cœur, en lui disant :

— Il y a quelque chose là.

— Chut ! murmura-t-il.

Et pour échapper à ma curiosité, il roula une seconde cigarette, tout en chantant à mi-voix un air d'Offenbach.

— Adieu, reprit-il d'un ton piqué, je vois bien que je me suis trompé de porte. Vous avez de beaux sentiments sur la planche, mais quand on frappe chez vous on n'ouvre pas.

— On ouvre encore trop souvent, lui dis-je, puisqu'on ne me laisse jamais le temps de me faire une visite à moi-même.

Le lendemain, je ne pensais plus à Daniel de la Chesnaye ni au club protecteur des femmes, quand j'appris sur l'escalier des Italiens qu'il était fou, mais fou à ce point qu'il avait fallu lui mettre la camisole de force.

— Et pourquoi est-il devenu fou?

— On ne sait pas : quelque trahison de femme; huit jours de guignon au jeu; on dit qu'il a perdu quatre cent mille francs, sans compter qu'il a reçu un coup d'épée pour avoir dit une bêtise; on ne se relève pas de ces choses-là.

Pendant quelques jours on parla beaucoup de ce pauvre Daniel, mais nul ne pouvait dire la vraie cause de sa folie.

Je me rappelai mot à mot la conversation que nous avions eue. Pourquoi m'avait-il parlé des femmes qu'on bat? Aimait-il une femme mariée qui avait été battue par son mari? Il menait de front deux existences : une très-tapageuse, une très-cachée. On n'allait jamais chez lui, mais en revanche on le trouvait toujours au club, au Bois, sur le boulevard; on lui connaissait des aventures de cinq minutes, on ne lui connaissait pas une seule maîtresse.

La curiosité me prit au vif, je voulus avoir le secret de Daniel de la Chesnaye.

Il ne me fallut pas pour cela la profondeur de vue d'un juge d'instruction. Je pris le chemin le plus court. J'allai droit à la maison qu'il habitait, boulevard Malesherbes. Je demandai de ses nouvelles au concierge, qui commença par bégayer un peu.

— Tais-toi, lui dit sa femme, tu n'y entends rien.

Elle prit la parole pour me dire qu'elle ne pouvait me rien dire.

— Car, poursuivit-elle, la justice ne manquera pas de faire une descente ici. Je ne veux pas qu'on puisse m'accuser d'avoir parlé.

— Une descente de justice? Que s'est-il donc passé?

Il y a toujours moyen de faire parler les portières. Je pris vingt francs et je les mis dans la main de cette femme mystérieuse.

— Parlez, lui dis-je. Je suis l'ami de Daniel de la Chesnaye.

Mais je n'en eus que pour mon argent. La portière garda le napoléon, tout en disant ceci ou à peu près :

— Mon Dieu, monsieur, dans toutes ces histoires-là, on ne sait pas bien le fin mot — on dit aujourd'hui le mot de la fin — ; ceux-ci disent que oui, ceux-là disent que non. Ce que je sais bien, c'est que M. de la Chesnaye est fou.

— Vous allez me dire pourquoi il est fou ?

— Il faudrait le demander à Mlle Clotilde, mais la pauvre fille ne répondra plus.

Et comme je voulais poser encore quelques point d'interrogation :

— Oh ! monsieur, j'ai dit tout ce que je pouvais dire.

— Tu en as trop dit, murmura Cerbère.

J'étais furieux, mais je souriais toujours avec urbanité.

Je donnai encore vingt francs à la portière.

— N'y a-t-il donc plus personne dans son appartement ?

— Non, mais la femme de chambre est encore au sixième ; seulement, ce que je vous dis là c'est un secret ; vous pourriez monter chez elle, sous prétexte que vous cherchez une femme de chambre. Elle a d'ailleurs de fort bons certificats, elle a servi dans les meilleures maisons. Connaissez-vous la princesse de Metternich ?

Je n'écoutais plus la portière. J'avais appelé son mari hors de la loge, je veux dire hors du salon, pour le prier de me faire descendre cette fille.

Elle vint bientôt, humble, pâle, triste. Naturellement je ne lui dis pas un mot de sa maîtresse, ni de l'amour de sa maîtresse. Je lui demandai ce qu'elle voulait gagner ; c'était moins que rien : cent francs par mois. Il fut convenu qu'elle viendrait le lendemain à mon service.

Le lendemain, ce fut elle qui m'éveilla. Elle m'apprit que le valet de chambre l'avait fort mal reçue, en lui disant qu'il n'y avait rien à faire.

— Comment ! rien à faire, il y a tout à faire, lui dis-je. Que faisiez-vous chez M. de la Chesnaye ?

— Mais, monsieur, il y avait une femme.

— A propos de cette femme : asseyez-vous là, parlez-moi d'elle.

Cette fille ne fit pas trop de façons pour me dire le mot à mot de cette tragique histoire.

III.

L'IDYLLE.

Daniel de la Chesnaye était de ceux qui se donnent la peine de naître. Il eut à son berceau une bonne fée qui, d'une main, dessina des armoiries de comte, et, de l'autre, fit sonner des louis d'or; par malheur, on n'avait pas appelé la fée de la Sagesse, si bien que le don de Naissance et le don de Fortune ne firent qu'à moitié son bonheur. Il étudia tant bien que mal. Il apprit un peu de tout pour ne pas savoir grand'chose; mais il monta bien à cheval et donna quelques coups d'épée pour la plus grande gloire de son maître d'armes. Son instruction fut parachevée par quelques demoiselles des petits théâtres.

En un mot, vers sa vingtième année, il menait la vie comme le premier crevé venu, bien plus préoccupé de sa célébrité dans le demi-monde que de sa considération dans le beau monde.

Pendant cinq ou six ans ce fut le même train de vie, s'échappant toujours du coin du feu familial pour courir les avant-scènes et les lansquenets; il était devenu fort à la mode parce qu'il savait perdre son argent sans sourciller et parce qu'il battait les femmes. Il avait appris cela dans Regnard et dans Molière : le théâtre est l'école des mœurs.

Très-jeune encore, il avait perdu sa mère, ce qui lui permit de manger son blé en herbe; quand il fut ruiné de ce chef, il alla passer une saison en Normandie, pas trop loin de Trouville, chez une grand'tante quasi centenaire, qui devait lui laisser cent mille écus. La tante ne mourut pas pour lui faire plaisir, mais elle lui fit un avancement d'hoirie. Il se lia alors avec une famille normande qui avait la prétention de revenir des Croisades. Ce qui est hors de doute, c'est qu'il y avait dans cette famille une toute jeune fille de dix-huit ans, cheveux blonds, profil de statue, air de province, laquelle avait un doux parfum de la Terre-Sainte. On ne lui avait jamais dit qu'elle était belle. Elle se croyait destinée à cette vie de province qui est presque la vie claustrale quand on ne vient pas se réchauffer à l'hiver de Paris.

Daniel de la Chesnaye lui apparut comme le Messie; elle s'ennuyait à mourir, elle désespérait de s'amuser jamais.

Elle venait souvent jouer aux dames avec la vieille tante, qui lui donnait quelques bijoux du temps de Marie-Antoinette. La pauvre fille n'était pas riche, sa famille vivait à grand'peine avec un revenu de deux à trois mille francs. On ne désespérait pas que la vieille dame la couchât sur son testament.

Mlle Clotilde de Monville s'en laissa conter par Daniel de la Chesnaye; il l'attaqua brusquement comme il eût fait pour une drôlesse. On ne perd pas sitôt ses bonnes habitudes. Clotilde se révolta en elle-même, mais elle subit le charme du Parisien. Elle lui pardonnait ses brutalités amoureuses en se disant que c'était sans doute la mode; elle ne pouvait d'ailleurs pas faire de comparaisons, puisque, jusque-là, nul n'était venu lui présenter la pomme à croquer.

Naturellement, Mlle de Monville s'imagina que Daniel était un épouseur; elle ne savait pas qu'il y eût en amour la main droite et la main gauche : dans ce petit village de Normandie, quand on s'aimait on se mariait. Elle avait bien lu quelques romans, mais c'étaient des romans.

Elle tombait bien avec un homme comme Daniel qui s'était bien promis de n'être jamais l'amoureux du bon motif; aussi, quand il vit que ses tentations avaient égaré ce jeune cœur, il lui proposa de l'enlever à Paris. Elle devint pâle comme la mort :

— Quand nous serons mariés, dit-elle naïvement.

— C'est bon pour les bourgeois de se marier avant; nous nous aimons trop pour faire comme tout le monde; commençons par nous enlever.

Clotilde trouva que c'était l'abomination des abominations, mais elle se laissa enlever. Daniel qui, pour elle, était le démon, lui avait pris du premier coup son cœur, son âme, son esprit. Il avait tué sa volonté, il avait troublé sa conscience; elle ne voyait plus son chemin, elle se jetait dans l'abîme jonché de roses. « Après tout, se disait-elle en s'agenouillant devant une image de la Vierge, puisqu'il m'aime, il m'épousera, j'écrirai une lettre bien tendre à maman qui me pardonnera d'être heureuse. »

Pourquoi Daniel de la Chesnaye voulait-il enlever cette pauvre ingénue, la dernière des ingénues? N'y avait-il donc pas assez de femmes à Paris? Que ferait-il d'une pareille innocente? C'était bien plutôt une épousée qu'une maîtresse.

Il était arrivé à M. de la Chesnaye ce qui arrive à tous les Parisiens en villégiature; pour ne pas perdre de temps, ils font la cour à la première provinciale venue sans bien la comparer aux Parisiennes; ils y cueillent même je ne sais quelle saveur nouvelle, comme un gourmand qui change de table. Mais dès qu'ils se retrouvent avec des Parisiennes ou avec des femmes qui ont traversé l'enfer de Paris, ils s'aperçoivent que leur trouvaille n'est qu'une demi-bonne fortune. La vertu a trop marqué son empreinte. Il y autour de toutes ces filles de province une atmosphère de sainte bêtise et de nocturne ennui -- pour les libertins.

IV.

LES HOMMES QUI BATTENT LES FEMMES.

QUAND Daniel arriva à Paris avec Clotilde, il vit bien qu'il s'était trompé en revoyant ses petites camarades du turf, du bois et du théâtre, mais le mal était fait. La pauvre enfant, d'ailleurs, était si amoureuse qu'il l'eût tuée en l'abandonnant. Il la mit chez lui et se résigna à être heureux avec elle; après tout, c'était une maîtresse qui en valait bien une autre; il ne fallait pas lui faire un crime de n'avoir pas été à tout le monde et de ne pas vouloir être à tout le monde. Elle voulait vivre de son amour dans l'intimité de l'intérieur, point du tout soucieuse de montrer son luxe ou de jouer de la coquetterie.

Elle ne lui coûterait presque rien, elle ne s'imposerait jamais; s'il voulait sortir avec elle, elle sortirait; s'il voulait la cloîtrer chez lui, elle s'y trouverait bien. Elle n'avait ni le diable au corps, ni la blague, ni la gaîté, ni la rouerie, ni le brio des femmes qu'il avait connues jusque-là, mais elle était intelligente et savait causer.

Et puis, encore une fois, elle ne coûtait rien, moins que rien, car elle mit beaucoup d'ordre chez Daniel. Jusque-là il était volé par ses gens comme sur une grande route; grâce à elle, il eut quelque chose à lui.

Bien mieux, quoiqu'elle n'eût de force sur lui que par la douceur, elle le retint plus d'une fois à l'heure où il allait jouer, à l'heure où il allait perdre, car, jusque-là, il avait perdu près d'un demi-million sans avoir son jour de revanche. Joueur malheureux s'il en fut, il semblait toujours condamné à perdre.

Sa tante quasi centenaire lui avait confié pour quatre-vingt mille francs d'actions du Crédit foncier, lui disant de les mettre en banque pour qu'on lui fît une avance de cinquante mille francs; mais il avait jugé plus simple de les vendre, sauf à les racheter quand il aurait gagné au jeu. Ce fut en vain qu'il joua plus modérément, il perdit encore, il perdit toujours.

Un soir où il avait été plus malheureux encore que de coutume, il avoua à Clotilde qu'il ne lui restait plus qu'une douzaine de mille francs ; Clotilde, dans sa bonté, lui sourit doucement et lui dit :

— Quand nous n'aurons plus rien, je mettrai mes diamants en gage.

La pauvre fille avait à ses oreilles des roses qui valaient bien cinq cents francs ; mais elle s'imaginait, sur la foi des paysans de son village, qu'il y avait là une petite fortune.

— Tes diamants ! s'écria Daniel d'un air de pitié, il n'y a pas de quoi retourner une carte.

— Eh bien, mon cher ami, il ne faut plus jouer, nous vivrons comme il plaira à Dieu ; je te promets de ne pas acheter une robe de toute une année.

— Tu es trop bête, dit brutalement Daniel ; tu t'imagines qu'on vit à Paris avec un capital de douze mille francs, il n'y a pas de quoi vivre vingt-quatre jours.

La pauvre Clotilde n'osait plus rien dire.

— C'est ta faute, reprit le joueur furieux

d'avoir perdu, il fallait m'empêcher d'aller au cercle, tu sais bien que j'ai rencontré aujourd'hui un jettatore.

La jeune fille éclata en sanglots.

— A la bonne heure, s'écria M. de la Chesnaye, il faut encore que je subisse tes larmes. J'ai eu là, en vérité, une belle idée de t'arracher à ta famille.

Clotilde sentit la révolte dans son cœur.

— Oh! Daniel, c'est mal ce que vous dites là; de quoi suis-je coupable, sinon d'avoir pleuré?

Daniel était au paroxysme de la colère.

— Tu m'embêtes avec tes airs d'innocence; c'est toi qui m'as porté malheur.

Clotilde éclata plus bruyamment dans ses sanglots.

— On dirait que je t'assassine; je te défends de pleurer.

Mais Clotilde pleurait de plus belle. Daniel lui serra la main comme dans des tenailles de fer.

— Oh! que vous êtes méchant.

Elle avait jeté ce mot malgré elle.

— Ah! je suis méchant, murmura-t-il.

Il n'était plus maître de lui.

Il la souffleta et lui donna des coups de pied, comme il eût fait de la dernière des drôlesses qui l'aurait insulté.

— Vous êtes fou! dit Mlle de Monville, humiliée d'être ainsi battue.

Il ne se contenta pas de ses odieuses brutalités, il accabla encore sa maîtresse de mille injures.

— De quel droit vous plaignez-vous, lui dit-il d'un air de mépris, n'allez-vous pas me faire croire à votre dignité, vous qui m'avez suivi ici malgré moi?

— Malgré vous?

— Oui, malgré moi, car je ne vous ai enlevée que pour vous protéger contre votre famille qui n'a pas le sou.

Clotilde se demandait si elle rêvait. Elle dédaigna de répondre à Daniel.

Elle pensa amèrement à cette brave famille où on n'avait pas d'argent mais où on avait du cœur. Elle était l'adoration des siens, on l'aimait à trois lieues à la ronde comme un symbole de beauté et de vertu. Elle avait tout sacrifié à Daniel avec abondance de cœur, sans retourner une seule fois la tête pour que le sacrifice fût plus grand encore, ne voulant pas qu'un seul regret pût lui faire ombre.

Et voilà ce qu'elle recueillait.

Elle tomba agenouillée devant une chaise et joignit les mains avec un si grand accent de dévotion et de repentir que Daniel, qui avait jeté hors de lui toutes ses colères, se sentit profondément touché.

— Pardonnez-moi, lui dit-il tout à coup, en s'agenouillant devant elle.

Elle se tourna vers lui, et voyant bien qu'il ne la bravait pas, elle se jeta sur son cœur, en lui disant :

— Oh! Daniel, comme je vous aime!

Un seul regard amoureux de Daniel avait tout effacé, comme un rayon de soleil qui brûle les nuées.

— Vois-tu, reprit Daniel, en pressant la main qu'il avait tenaillée, et en baisant la joue qu'il avait souffletée, ce n'est pas ma faute : quand la fureur me prend, je ne suis plus maître de moi. Une autre fois, ne sois pas si douce quand tu me verras sombre. J'ai vécu avec des coquines qui m'ont forcé à les battre, c'est une mauvaise habitude, mais je ne recommencerai pas.

Il se passa quelques jours sans trouble. Daniel ne retourna pas jouer, il se montra plus tendre que jamais avec Clotilde.

La pauvre fille avait été fortement secouée par cette horrible scène. Tous les matins elle allait à la messe, priant pour lui et priant pour elle.

Quand on croit à Dieu et à l'amour, on croit à tout. Mlle de Monville ne doutait pas que Daniel ne redevînt à tout jamais l'amoureux qui l'avait séduite.

Un soir qu'elle s'était endormie sur ce beau rêve, elle fut réveillée brusquement par M. de la Chesnaye qui revenait du club.

— J'ai joué, dit-il en la regardant avec des yeux égarés.

— Et vous avez perdu, dit Clotilde se levant à demi, effrayée de sa pâleur et de son expression.

— Oui, j'ai perdu; pourquoi ne m'as-tu pas empêché d'aller jouer?

— Pourquoi? le savais-je! ne m'avez-vous pas dit que vous alliez souper chez des amis?

— Si tu n'étais pas si bête, tu aurais deviné que j'allais jouer. Je vous ai déjà dit que vous me portiez malheur.

— Daniel! Daniel! de grâce, ne me tuez pas par vos paroles.

Et, sans le vouloir, Clotilde sanglota.

— Allons, s'écria Daniel, la voilà encore qui ouvre ses fontaines.

— N'est-ce pas bien gai de vous voir toujours dans la fièvre du jeu?

— N'est-ce pas bien gai de vous voir toujours dans les larmes? — Voyons, changez-moi de figure. Riez.

— Vous croyez donc que je n'ai pas de cœur? Vous me prenez donc pour une poupée?

— Oui, une poupée, une poupée qui dit toujours la même chose, une poupée que j'ai envie de briser sous ma main.

Et disant ces mots, Daniel, exaspéré par la douceur de Clotilde, lui prit le bras et la secoua rudement.

— Encore! dit-elle, avec une vraie dignité blessée.

— Des manières! reprit-il, en montant dans sa colère.

Il la traîna hors du lit et la jeta sur la peau d'ours qui était à ses pieds.

Mlle de Monville ne put s'empêcher de crier.

De son côté, M. de la Chesnaye ne put s'empêcher de la battre. Et cette fois elle fut battue par un fou furieux.

Quand elle tentait de se relever, Daniel la rejetait en arrière.

Vainement lui demandait-elle grâce de la voix la plus douce d'une amoureuse, il n'écoutait que sa colère.

Enfin, il vit toute l'horreur de son action; mais cette fois il ne se jeta pas aux genoux de Mlle de Monville pour lui demander son pardon, il courut dans sa chambre pour saisir son revolver.

Était-il de bonne foi vis-à-vis de la mort?

Peut-être, mais il ne trouva pas une seule cartouche à mettre dans son revolver.

Il sortit en toute hâte pour aller chez Devisme acheter des cartouches; il ne voulait pas que la matinée se passât sans en finir.

L'air vif rasséréna son esprit, il jugea que tout n'était pas perdu encore. Ce jour-là, le ciel était bleu, le soleil égayait Paris, nul, hormis lui, n'avait envie de mourir. Il se résigna à vivre, quoiqu'il se trouvât indigne de vivre.

Il rencontra un de ses amis, un huitième d'agent de change, qui lui parla du jeu de la Bourse.

Daniel pensa qu'en effet là était le vrai jeu. L'ami, qui cherchait à faire des courtages, lui donna cette conviction, qu'un joueur qui a beaucoup d'estomac retourne toujours le roi au jeu de la Bourse : c'est une question de temps.

Une fois encore Daniel jura qu'il ne jouerait plus dans les cercles, il se promit d'écrire à sa tante, de lui demander vingt mille francs et de refaire sa fortune sur le trois et le cinq, par des achats à prime ou des arbitrages.

La figure éplorée de Mlle de Monville tourmentait son esprit, mais elle l'aimait tant qu'il n'aurait qu'un mot à dire pour sécher des larmes et faire le beau temps dans son cœur.

Il aurait bien voulu retourner chez lui pour la consoler; mais son ami le boursier l'entraîna chez Bignon pour déjeuner et pour le familiariser avec le langage de la coulisse qui est, d'ailleurs, le langage des coulisses : de l'argent, encore de l'argent, toujours de l'argent.

Il était une heure quand M. de la Chesnaye rentra chez lui. La femme de chambre qui lui ouvrit cacha sa figure comme pour cacher ses larmes. Il passa outre sans la questionner.

Il alla droit à la chambre de Clotilde, quelque

peu surpris de ne pas voir la table servie dans la salle à manger.

— Clotilde, lui dit-il d'une voix douce avant d'entrer, comme pour lui prouver qu'il avait bien voulu oublier ses torts à lui-même.

Clotilde n'accourut pas à sa rencontre selon sa coutume.

Il franchit le seuil de la chambre avec une vague inquiétude, avec un triste pressentiment.

Clotilde n'était pas là.

— Où est-elle donc, se demanda-t-il en avançant vers le lit ?

Sur ce lit encore tout défait, il vit une lettre bordée de noir. Il reconnut l'écriture de Clotilde.

— Pourquoi bordée de noir ? murmura-t-il, Clotilde n'était pas en deuil.

Cette lettre était pour lui, il brisa le cachet avec une vive émotion.

La lettre était d'autant plus éloquente qu'elle ne renfermait que trois lignes :

« *Adieu, Daniel, je vous ai bien aimé et je vais mourir en disant votre nom, mais au moins je ne serai plus battue que par les vagues.*

« Clotilde. »

LIVRE XXVI

HISTOIRES PARISIENNES

MARIA FARELL.

LA PERLE ROSE.

I.

L'ESPRIT DE CONTRADICTION.

On contait toujours des histoires chez la princesse, tout en prenant du *thé au sommeil rouge*. On disait les histoires du Paris intime et amoureux, du Paris intelligent et excentrique. On lisait à page ouverte dans ce vieux livre toujours nouveau.

Je vais imprimer ici quelques-unes de ces histoires perdues, car il n'y avait pas là de reporters. On s'imagine trop volontiers qu'on connaît Paris par le journal et le feuilleton, mais on ne connaît que le Paris politique et littéraire; le Paris mondain est méconnu parce que ses peintres ordinaires ne peignent que par à peu près; les uns pour ne pas aller en police correctionnelle, les autres pour ne pas avoir un duel tous les matins. — Ceux-ci parce qu'ils ne regardent pas bien, ceux-là parce qu'ils font des caricatures. Si bien qu'il y a toujours à Paris un grand nombre de salons qui ne s'ouvrent pas sur la fenêtre des journaux. — Pour y bien voir, il faut être de la franc-maçonnerie et ne pas trahir le mystère familial ni le mystère amoureux.

La compagnie était fort belle, tous les hommes papillonnant et toutes les femmes rieuses. On avait bien dîné. Les femmes qui avaient trempé leurs lèvres dans la coupe de vin de Champagne prenaient du café pour chasser les nuages amoureux. Or le diable, qui avait mis un peu de poudre de feu dans les tasses, me dit tout à coup :

— Comme Dauvergne est mélancolique !

— Est-ce qu'il serait amoureux ? demandai-je à Sataras.

— Amoureux fou. Voyez-vous comme il brûle de l'œil cette jeune femme qui a l'air d'une jeune fille, Mme Maria Farell.

— Elle a été si peu mariée !

— Oui, il voudrait bien l'épouser en secondes noces quoiqu'il soit marié une première fois, mais, avant qu'il l'aimât, il avait si bien préché contre l'amour devant elle qu'elle le renvoie à ses sermons.

Et il en meurt de chagrin. Il aime jusqu'à la folie, mais on lui répond par un perpétuel éclat de rire — son éclat de rire à lui quand il niait l'amour.

Paris est peuplé de gens qui ont la raillerie sur les lèvres devant les actions des naïfs qui semblent vivre comme il plaît à Dieu, bonnes bêtes qui vont à leur but sans malice, presque sans savoir leur chemin. Il faut voir comme ceux qui savent tout et qui sont revenus de tout se moquent spirituellement de ces braves créatures qui donnent de la tête et du cœur contre tous les écueils de la vie. Que voulez-vous, il y a ici-bas les imbéciles qui jouent leurs rôles et les spectateurs qui sifflent la comédie. Ces railleurs impeccables ne tombent jamais dans la bêtise humaine; ils sont hommes pratiques s'il en fut; ils dénouent tous les masques et savent le dessous des cartes. Gros-Jean en remontrait à son curé, mais il ne pourrait en remontrer à ces malins-là. Il semble vraiment qu'ils soient doués d'une seconde vue pour lire dans le cœur humain et pour y surprendre tous les secrets. Leur grand souci, c'est de ne pas se laisser mettre dedans, selon l'expression qui leur est familière. Il faut qu'il y ait ici-bas des dupeurs et des dupes, des moqueurs et des moqués, des gens d'esprit et des sots, des marteaux et des enclumes : les hommes dont je parle sont marteaux, gens d'esprit, moqueurs et — dupes —. Et ce qu'il y a de plus beau, c'est qu'ils sont dupes des autres comme ils le sont d'eux-mêmes.

Écoutez plutôt cette histoire.

Tout le monde connaît, à Paris et ailleurs, le très-célèbre Alphonse Dauvergne, un peintre de beaucoup de talent, surnommé Trompe-l'Œil par les rapins parce qu'il a commencé par l'école realiste. C'est le plus beau peintre de mœurs sur un chevalet. Il a le don, il a le naturel, il a la couleur. Ses tableaux sont hors de prix ; il peint des scènes d'intérieur qui sont de vraies pages de comédies contemporaines où la scène comique éclate en mille traits de caractères. Par malheur — l'esprit qu'on veut avoir gâte l'esprit qu'on a — il a eu le tort de vouloir être trop profond, il a brouillé la philosophie avec l'esprit. Il avait commencé par aller droit au cœur humain presque sans le savoir, il finit par s'égarer en route à force de vouloir gravir les escarpements et sauter les précipices.

Mais, quelque chemin qu'il prenne, tout Paris lui donne raison ; il a des gens qui ont un flatteur, deux flatteurs, trois flatteurs. Il a beau faire, il en a mille.

C'est le meilleur homme du monde, la main ouverte, le gai sourire, le mot cordial, mais il n'aime la critique que sur ses lèvres railleuses. Il a raison, puisque la critique ne corrige personne, pas même la critique.

Comme autrefois Greuze, le peintre de mœurs Alphonse Dauvergne s'est mis à prêcher. Tout le monde veut refaire le monde à son image; aussi Dauvergne est-il devenu bien vite un homme à la mode dans le monde des passions ; on est allé chez lui comme on va dans un confessionnal, on lui a tout dit, on lui a ouvert son cœur, on s'est accusé en pleurant. Un homme ordinaire se fût contenté de consoler la pécheresse ou la demi-pécheresse ; mais il voulait jouer un plus grand rôle : un consolateur, allons donc, qu'est-ce que ça? Les perruquiers consolent les filles ; lui, il ne consolera pas. Il accusera celle qui s'accuse ; il lui dira que l'amour n'est qu'une illusion, que seules les femmes sans cœur tombent dans la gueule du loup, tandis que les autres, les femmes de cœur, savent bien que le cœur n'existe pas; grâce à ce syllogisme, il s'est créé des titres pour devenir pape de l'esprit parisien comme il y a le pape de l'esprit divin.

Un peintre, direz-vous, voilà une ambition bien solennelle et bien étrange. Pourquoi ne se contente-t-il pas de faire des tableaux qui sont des petits chefs-d'œuvre exprimant les mœurs contemporaines? C'est que nul n'est content dans sa stalle. Dans la vie, le plus humble aspire à l'avant-scène. Ce n'est point assez pour Dauvergne d'être à l'avant-scène, il faut qu'il se tienne debout et qu'il sermonne. Ah! le joli billet qu'a La Châtre!

Avant tout, Dauvergne veut prouver que lui, Dauvergne, lui tout seul, a le privilége de voir de loin, de voir de haut, de tout voir et de voir juste, aussi n'a-t-il fait aucune faute dans sa vie. Il est trop malin pour cela, disent ses mille flatteurs. En effet, lisons le roman de sa vie.

C'est peut-être lui qui a donné à Alexandre Dumas l'idée du demi-monde, un vrai mot et une vraie comédie. Il a si bien commencé par ce monde-là qu'il semble y être né. Mais, comme il s'en est exilé à tout jamais! Vous pourriez courir tous les demi-mondes de Paris sans jamais le rencontrer. Il est vrai qu'il ne va pas non plus dans le monde; mais, que dis-je? le monde n'existe plus; même en politique, même en art, même en littérature, il n'y a plus que le demi-monde.

Les contradictions de Jean-Jacques Rousseau ne sont rien en comparaison d'Alphonse Dauvergne. S'il voulait, il mettrait une apostrophe à son nom, car il est noble comme pas un, mais il dédaigne de blasonner son esprit, disant que c'était bon au temps où chacun avait un drapeau, une cuirasse et une épée. Mais cela ne l'a pas empêché de se laisser prendre à la première duchesse qui a posé devant lui; les autres femmes qu'il avait sous la main étaient bien plus belles que la duchesse, mais comme c'étaient de simples mortelles, il ne fit pas de folies pour elles, tandis que pour la duchesse il quitta un instant ses chères études, son atelier et sa palette, surnommée la queue de paon. La duchesse l'emmena jusqu'au Vésuve, jusqu'au cap des tempêtes. Lui qui s'était moqué des amours sempiternels, des chaînes qui ne se brisent pas, du purgatoire de l'adultère, il se lia à tout jamais à cette femme mariée. Quand il revint à Paris avec elle, on se permit bien de le railler un peu, mais il railla plus haut en disant qu'il n'avait pris une maîtresse mariée que pour n'avoir pas la peine de l'épouser. Vint le jour où la maîtresse fut veuve, naturellement il l'épousa; ce n'est pas moi certes qui lui en ferai un reproche, c'était son devoir, mais la comédie des contradictions s'accentuait. Il niait l'amitié quoiqu'il fût bon à ses amis, mais voilà qu'un jour l'un d'eux meurt en lui laissant un château. Il aurait dû ne pas accepter le legs pour être fidèle à ses principes ; non-seulement il accepta, mais, pour être plus encore en contradiction avec lui-même, il le donna à ses amis; c'était l'amitié en partie double, prenant d'une main et donnant de l'autre.

Il ne croyait pas à l'amour, disant que c'était la religion des imbéciles. Ce fut alors que la jolie Maria Farrell lui prouva, à son insu, à ce fameux docteur de l'omniscience, qu'il déraisonnait à force de vouloir avoir raison.

Il ne lui fallut pas se mettre en quatre pour

prouver à Dauvergne qu'il avait tort de se moquer des amoureux, elle se contenta de le regarder d'un œil humide et de lui sourire d'une bouche entr'ouverte ; elle fit mieux encore : reprenant sa thèse à lui, elle déclara que l'amour n'existait pas, que c'était une simple illusion de l'âme et du corps, qu'elle serait désespérée de tomber dans cette folie menteuse qui ravale la femme à la brute.

Elle prit un air si dégagé, elle joua si bien l'innocence et le scepticisme, elle repoussa si à propos les premières tentatives du bon apôtre qu'elle attisa en lui la plus ardente des passions. Il l'aime jusqu'à l'adoration et elle lui résiste, à cet irrésistible. Il a beau faire amende honorable et expier ses irrévérences au culte de M. de Cupidon, elle n'en veut rien démordre ; elle lui répète sans cesse les sentences qui courent le monde sous son nom ; elle lui dit qu'elle croit trop à son esprit pour croire à son cœur. Ceci a tué cela.

Ah ! je vous jure que la comédie est bien jouée ! Cette femme a le génie de la comédie. Elle le tuera pour s'amuser. Voyez, c'est à peine si on le reconnaît dans sa pâleur cet homme qui riait de tout. Et si vous l'aviez vu hier à l'Opéra !

Il dévorait des yeux Maria Farell qui n'a pas une seule fois tourné sa lorgnette sur lui.

Et voilà comment tout est fragile en ce monde, rien ne se tient debout, ni les caractères, ni les théories, ni les passions, ni les orgueils, l'esprit de contradiction restera éternellement la comédie des comédies. Elle est encore à faire, car Dufresny l'a manquée.

MARIA FARELL.

II.

LES PRINCESSES DU LUXE ET LES PRINCESSES DE LA RUINE.

COMÉDIE EN 365 JOURS.

I.

LA princesse était très-originale dans ses réceptions : elle ne recevait pas toujours chez elle, elle donnait rendez-vous à ses amis au concert Musard, à l'Opéra, au bois de Boulogne, un peu partout où l'on va, car elle ne se contentait pas du spectacle de l'esprit, qui est souvent le spectacle des ombres chinoises, elle voulait aussi le spectacle des yeux.

C'est ainsi que tout son monde était à la fête villageoise des Champs-Élyséès. Dieu sait si on fit tourner la roue de la fortune par les belles mains de la princesse de Metternich, de Mme de

Pourtalès et de la comtesse Tolstoï ! lorsque MM. de Turenne, de Fitz-James et leurs amis débitaient de jolis mots sur ces mains pleines d'or, sur le gilet incroyable de la princesse de Metternich, sur les trois plumes bleue, blanche et mordorée de son chapeau, sur la traîne onduleuse de Mme de Pourtalès et sur son adorable chapeau Watteau, sur les flots de rubans qui noyaient la jupe de la comtesse Tolstoï et sur les roses jaunes et rouges qui fleurissaient ses cheveux.

On causa avec la reine d'Espagne, qui a tant d'esprit français dans son esprit espagnol.

On but des fraises à l'américaine, servies par la comtesse de Jaucourt et la marquise Aguado ; on acheta de l'iris de Florence à Mme Jacobs ; on s'arrêta longtemps devant ces belles marchandes de fleurs qui s'appellent la duchesse de Montmorency et la comtesse de Mercy-Argenteau ; on goûta au buffet : on n'a pas si souvent l'occasion d'être servi par la duchesse de Castries, la baronne de Poilly, la comtesse Walewska, la duchesse de Mouchy, Mme Elissen, la baronne de Romand, la marquise de Lillers, Mlle Wurher, la marquise de Congliano, la princesse Poniatowska, la baronne de Rothschild, Mme Sapia, Mme la comtesse de Janzé, Mlles de Mandeville.

On salua au passage les Égérie, les Égérie des nations et les Égérie des idées : la princesse de Metternich comme Mme Henry de Pène, la comtesse de Keller comme la comtesse de La Châtre, la princesse Troubetskoy comme la comtesse de Vallon, la duchesse Colonna, comme Mme Claude Vignon, la comtesse de Brimont comme la comtesse de Castiglione; Mme Albert Delpit, Mme Ratazzi, Mme Rimsky Korsakoff.

On dit un joli bonjour à la mode de demain : Mlle Robinson, Mlle de Praneuf, la marquise Anforti, la marquise de Canisi, la baronne de Presles, tout l'escadron volant des merveilleuses.

On regretta que cette fête villageoise ne durât pas tous les jours de l'année ; on s'accoutumerait volontiers à cette vie en plein air, en si belle et si bonne compagnie, d'autant plus qu'on fait son salut sans le savoir. Ces nobles dames ne sont autres ce jour-là que des sœurs de charité qui vendent des sourires pour les pauvres ; aussi nul ne se plaint d'avoir payé trop cher.

La princesse, non plus que Mlle d'Armaillac,

ne permettait pas, ce jour-là, à ses amis de fumer un cigare, s'il ne coûtait cinq louis, de leur offrir une rose si elle ne coûtait dix louis, de boire un verre d'eau glacée s'ils ne le payaient cinquante francs. Aussi les deux belles amies pouvaient-elles dire : « Nous travaillons pour les pauvres. »

II.

Quand on était à l'Opéra, on ne s'inquiétait pas beaucoup de ce qui se passait sur la scène, tant l'avant-scène de la princesse était occupée au persiflage et aux racontars ; c'était la vraie gazette du soir. Henry de Montaut y venait faire de fort jolies caricatures des femmes ridicules de l'amphithéâtre et des loges ; mais la princesse et Mlle d'Armaillac, par un seul mot jeté dans la causerie, étaient plus cruelles encore ; on pouvait dire que c'était la vraie loge infernale.

Quand on allait au bois, on se promenait çà et là au bord du lac et on dévisageait ces dames du lac ; on admirait les robes américaines : on sait que les femmes du Nouveau-Monde ne sont que des robes tant elles tuent le tableau par le cadre.

Presque toutes jolies, elles ont bien plus la vanité de leur jupe que de leur figure. C'est bien naturel, la jupe est signée par Worth, tandis que la figure n'est signée que par Dieu. Et pourtant les Américaines ont bien autant d'esprit que les Parisiennes.

La princesse demanda un jour au diable, sur le bord du lac, pourquoi elle ne connaissait pas une seule des nouvelles venues au bois?

— Ma chère princesse, c'est sans doute parce que vous n'êtes pas du même monde. Ce ne sont pas, d'ailleurs, de nouvelles venues, il y en a parmi elles plus d'une qui venait fagoter ici quand vous n'étiez pas encore née, car nous avons au bois l'arrière-garde comme l'avant-garde pour contenir le bataillon sacré.

— Nommez-moi les donc toutes, mon cher Satanas. Puisque vous-avez la prétention d'être le diable, ce sont vos petites filles.

— Oui, oui, ces diablesses du théâtre travaillent pour moi en travaillant pour elles; par exemple, voici Louise Mérey, un lys épanoui dans la grâce.

— Mon cher, dit la duchesse, vous avez déjà fait cette phrase-là pour moi.

— C'est que vous vous ressemblez furieusement : on prendrait l'une pour l'autre, avec cette nuance que vous avez l'air plus engageant.

La princesse donna un coup d'ombrelle au diable en lui disant de continuer :

— Voici les deux Drouart, Henriette et Isabelle : on ne saura jamais quelle est la cadette. Oh ! les jolis *diable à quatre* de la comédie parisienne ; voilà un autre gamin de Paris en satin et en diamants, Mlle Lasseny ; voici Fanny Signourey, une lady qui semble une fille des rois de carreau, elle qui est une fille des lords ; Latour, qui fait songer aux vers de Rivarol :

Vous avez tout l'esprit des pêches et des roses.

Voici la *Taciturne,* qui ne dit jamais que quatre paroles, mais qui sait faire une addition ; Fleur de Pêche, qui sait faire une soustraction ; Charlotte Marvy, qui sait se multiplier ; Léontine Fox, qui sait se diviser ; Delphine de Lisy, un diable au corps charmant d'une femme ; Méry Laurent, ci-devant — modèle — de toutes les beautés ; Berthe la salamandre et Louise-Clef-d'Or ; Soubise, qui a mis le bandeau de l'amour sur ses yeux pour les jeux du hasard ; Dévéria, un tableau vivant d'une couleur rayonnante comme on les fait dans sa famille; Phénix, qui conduit à la russe le train express des passions; Fleur de Thé, princesse de la ruine; la belle Colombine, qui a peut-être égorgé quelques colombes sur l'autel de Vénus; Massin, une jolie prodigue; Angelo, qui a de la beauté à revendre et non pas à vendre; Léninger, qui rime avec Bellanger et qui a repris sa maison sans prendre la suite de ses affaires; Berthe Mariani, qui veut être une symphonie et qui n'est qu'une mélodie; Hortense Neveu, qui sourit des perles; Gabrielle Elluini, la perle du Brésil; Pierson, une femme et une artiste comme Brohan; Persoons, qui jouerait Ève vêtue de ses cheveux blonds; Dica Petit, vision ossianesque; Angèle, une Vénus à qui les spectateurs ont donné la pomme de la Gaieté; Elvire Gilbert, qui caresse par ses violences; Perret, la Diane de Houdon; Blanche Quérette, qui prend les diamants comme les fleurs prennent la rosée; Léonide Leblanc, qui pouvait si bien se passer d'avoir du talent; Crénisse, soleil d'automne; Adèle Courtois, surnommé Adèle Courtoise; Alice Howard, prix du printemps de 1875; Paola-Marié, la vraie fille de Mme Angot ; Valtesse, aux cheveux d'or ; Jeanne Andrée, Vénus de Milo qui n'a pas encore cassé ses bras ; Gabrielle de Château, qui a baissé son pont-levis pour mieux jeter l'esprit par les fenêtres ; Delval, beauté des féeries ; La Gioia, un Titien descendu de son cadre pour ne pas y remonter ; Sylvia Ramelli, un Fragonard qui demande son cadre ; Diane, aux pieds légers ; Rosa Formi, une cigale dans la rosée de diamants.

Là-bas, trois amazones à bride abattue : Olympe Ségar, Mathilde Stolli et Marie d'Artigny.

Reconnaissez-vous Bruni, la Hongroise traduite en français ? Donvé, traduite en ingénue des Variétés ; Mmes Gueymard, et Sass, des souveraines ; Mlle Reszké, cette Varsovienne qui vient jeter un bouquet de jeunesse dans le vieil opéra nouveau ; Rosine Bloch, ce bloc de marbre d'où est sortie une belle statue ; les deux Fiocre, modelées par l'art du xviiie siècle ; Gabrielle Moisset, qui est arrivée à l'Opéra en faisant le tour du lac, mais qui chante mieux que celles qui ont fait le tour de l'Opéra ; les deux Thibaud, deux étoiles qui se lèvent ; la Bianchi, une étoile qui se couche.

Saluons la Comédie-Française : Favart, la muse du sentiment; Croizette, la muse de l'espérance; Plessis, la muse du souvenir; Lloyd, qui marche comme une déesse; Reichemberg, ingénue de profession; Sarah Bernhart, une ligne idéale qui se meut et qui émeut, un écho de Rachel qui est une symphonie.

Changement de spectacle :

Que vois-je? Irène, le Crocodile, et Lucie, la Torpille. Et les Phoques! Ne parlons ni de Four à plâtre, ni de Pieds de Grue. Mais parlons de Varez, un minois de Grévin, comme Alice Regnaud et Berthe Legrand sont des figures de Gavarni. On se demande si Varez fait sa tête d'après Grévin ou si c'est Grévin qui fait ses têtes d'après Varez.

Voici les quatre Caroline, les huit-ressorts de la galanterie : Mlle d'Arcy, qui fait toujours mettre un couvert de plus — quand il y en a pour deux il y en a pour quatre; — Mlle Armande : regrets et souvenirs; Mlle Esther Guimont, qui refait les mots de Roqueplan; Juliette Beau, toujours Juliette Belle; Rosalie Léon, un biscuit Louis XV.

C'est l'opérette qui passe : Saluez Judic, aux

yeux de madone, aux lèvres de rosière, jetant le mot allumant; Téo, gentille à croquer, ne croquant pas la pomme; Élisa, qui croque le marmot; Granier, la gamme ascendante; Bouffar, qui se conjugue harmonieusement aux Bouffes; Vanghel, possédée du diable depuis qu'elle l'a joué; Thérésa, la diva plébéienne.

Ah! mesdames, rien ne dure comme la femme! J'en vois passer qui ont vu le feu de la rampe depuis trop longtemps; ce sont presque des contemporaines de Roqueplan, celles-là qu'il appelait des *lorettes*; il y en a même encore du temps des *lionnes*; mais les *biches* d'aujourd'hui ne sont guère plus jeunes; ainsi Rosine...

La princesse interrompit le diable :

— Avez-vous bientôt fini? Parlez-moi des comédiennes, mais pas des filles entretenues.

— Subventionnées! princesse.

Le diable n'avait plus de voix pour nommer : Rose Marie, qui n'est pas encore Marie Rose; Nelly d'Arcourt, un Rubens d'Anvers; Victorine Fix, une gravure d'Épinal; Jeanne Bernhart, porcelaine de Sèvres, pâte tendre; Jeanne Desbordes, la Phryné de Charles Marchal; Malatesta, la Judith d'Horace Vernet; Jeanne de Sarreins, la Cléopâtre de Gérôme. Et toutes celles qui se baptisent sur le livre héraldique qui est un peu le catéchisme de ces dames.

— Je croyais que c'était fini, poursuivit le diable, mais voici Mlle Aimée dont le parrain était un voyant; Mlle Bode, une gravure après la lettre de la *Cruche cassée*; Fioretta, dont la beauté parle; Fioriani, dont la beauté chante; celle-ci est suivie par Mlle Sassy, qui fait chanter avec sa beauté; Mlle Léonie Baron, dit que ses pierreries ne sont pas malheureuses comme les pierres; Mlle Sylma, une dominante comme Mme de Bosredon est une impérieuse; Formosa, une périgourdine qui a pour la crevaille le fumet de la truffe; Eugénie Desforêts, une des lumières les mieux allumées de la vie parisienne; Caroline Letessier, qui a la beauté de l'esprit; Montalant, qui joue le passé, le présent et l'avenir; Schneider, reine de trèfle à quatre feuilles; Cora Pearl, habile à conduire les hommes et les chevaux, dirait Homère, comme Mlle Adèle du Cirque et Constance Viola de l'Hippodrome; Mlle Duverger, qui a jeté au feu ses diamants pour le secret de jeunesse, Mme Doche lui dit qu'elle avait déjà le secret, Sarah Félix leur jette, de sa belle main, deux gouttes d'Eau des Fées.

Nous avons ici toutes les saintes du calendrier de M. Cupidon, depuis les dianes inaccessibles jusqu'aux bacchantes affolées : la princesse Katineska ; Mlle Vipérine, qui se moque de la Fée aux gifles ; voici Mlle Polisoneska et Mlle Syfilisharoff ; saluons notre amie Fleur du Mal, qui promène son enfant comme Fleur de Marie promenait son réséda.

Ainsi le diable parla des comédiennes et des pécheresses qui ont passé par le Théâtre. Je ne veux pas redire toutes ses malices, parce que mon imprimeur ne veut pas mettre sous presse les malices du diable.

Le marquis de Satanas eut la bonne foi de saluer quelques vertus au passage parmi les comédiennes ; le théâtre est l'école des mœurs ! Il salua aussi Mlle Scott, qui veut être aimée pour elle-même, mais qui, par malheur, a soixante millions chez M. de Rothschild.

— Voilà, dit-il en finissant, la comédie du bois du 1er janvier au 31 décembre. C'est ici que tant de femmes du monde viennent étudier comment ces demoiselles s'habillent et font des mines pour leur prendre leur mari, leurs fils ou leur amant. Lisez Horace, vous verrez que c'était déjà la même procession à Rome.

C'est la grande école; plus d'une fois on a songé à fermer le bois à ces demoiselles tout en laissant droit d'asile aux comédiennes; mais où commence et où finit la comédienne? Quel sera le jury qui prononcera devant toutes ces Phrynés? quels seront les Parisiens qui se montreront plus sévères que les éphores d'Athènes?

III.

LA PÊCHE MIRACULEUSE.

E diable nous conta ce conte :
La princesse de Saint-Gratien est charmante. A celle-ci, il ne faut pas parler politique, car toute sa politique est d'être belle et d'avoir de l'esprit. L'art l'a prise de bonne heure à son culte pour l'arracher aux vaines pompes de la cour, mais sa cour à elle n'en a été que plus brillante; elle ne s'est pas contentée des princes du blason, elle a voulu avoir les princes des lettres et des arts, ceux qui inscrivent leur titre dans les livres, dans les tableaux et dans les marbres. Son souvenir est déjà marqué dans une auréole d'or. Elle rappellera aux siècles futurs, avec bien plus d'é-

clat, toutes ces femmes qui, depuis Diane de Poitiers, ont tenu une académie mondaine. Chez la princesse, on peut aller à l'Institut sans passer le pont des Arts. Il y a dans son salon des représentants des cinq sections, sans compter les membres du quarante et unième fauteuil. Et quelle docte et spirituelle intimité! la princesse est si simple que nul ne pose devant elle. Point de jeu d'éventail. L'esprit français y est si simple qu'il y est quelquefois l'esprit gaulois. Racine est mort d'un mauvais regard de Louis XIV; quand Sainte-Beuve s'est exilé du salon de la princesse, il a mis un pied dans le tombeau. Quand la guerre a exilé la princesse, Théophile Gautier est mort de chagrin tant il avait pris la douce habitude d'aller vivre dans ce rayonnement de l'amitié inspiratrice.

Combien d'autres qui sont partis! les uns pris par la tombe, les autres par la République. Mais ceux-là n'oublieront jamais qu'ils ont laissé quelque chose de leur cœur sous ce doux soleil de la cour comme disait le vieux poëte Théophile, regrettant le Louvre de Louis XIII, mais ils reviendront; la porte a trop d'esprit pour être jamais fermée.

En attendant, la princesse peint. Et elle peint non pas seulement avec la grâce féminine, mais avec la largeur de touche d'une femme depuis longtemps familière aux grands coloristes. Elle donne ses peintures à ses amis comme elle donnerait un mot de sa main. Voilà des autographes qui se vendront cher un jour. Ses tableaux lui font bien plus aimer encore les tableaux des autres. Elle aime les aurores ; beaucoup de jeunes peintres retrouvent leurs premières œuvres dans sa galerie. Toutes ces éclatantes promesses de la jeune école ne l'empêchent pas de se passionner pour les vieux maîtres de l'école italienne et de l'école française. J'allais oublier une figure de Hals et une figure de Van Dyck qui semblent être toujours parmi les invités tant elles sortent bien de leurs cadres.

C'est chez la princesse de Saint-Gratien que j'ai vu la première fois danser le prince impérial. « Heureusement, lui dit ce soir-là l'ambassadeur de Turquie, qu'on ne danse plus en France sur un volcan. » L'ambassadeur disait historiquement une bêtise.

Il est peut-être écrit là-haut que tous les princes français iront étudier dans l'université de l'exil.

La princesse habite au bord d'un lac où naturellement elle a le droit de pêche, mais c'est vainement qu'elle tend ses filets : elle n'a jamais mangé du poisson de son lac. Un jour pourtant, un jeune gentilhomme de mes amis, marquis de la Restauration, mais dont la famille plante très-profondément les racines de son arbre généalogique, lui a donné le spectacle et l'illusion d'une pêche miraculeuse. Il avait demandé à être présenté à la princesse, mais comme il est toujours le maître de la maison cinq minutes après la présentation, on avait discrètement refusé de le présenter. Or il veut bien ce qu'il veut et voici la comédie qu'il joua :

Un dimanche, il alla acheter à la halle pour cent francs de poisson d'eau douce ; il prit le train express pour le lac, avec un filet et des lignes, sans oublier les poissons. Vers deux heures de l'après-midi, il étonnait tous les promeneurs par sa pêche abondante. Survint la princesse, car c'était l'heure où elle se promenait sur le lac.

— Quoi ! dit-elle avec une pointe de colère, on chasse sur mes terres !

Elle alla droit au hardi pêcheur ; il la vit venir,

il abandonna sa ligne et s'avança pour la saluer avec une parfaite bonne grâce. C'est un beau cavalier, grand, désinvolté, portant haut la tête, figure bien dessinée, air chevaleresque.

— Madame la princesse, on m'a dit que ni vous ni vos amis ne savez pêcher; je me suis risqué à venir prendre votre poisson pour vous l'offrir.

La princesse laissa tomber sa colère.

— Comment faites-vous, monsieur, pour trouver du poisson là où je n'en ai jamais trouvé?

— C'est bien simple, princesse, vous allez voir.

Les plus beaux poissons étaient encore dans le filet, car notre homme avait prévu l'arrivée de la princesse; il se mit à l'œuvre et les ramena sur la rive comme s'il faisait la chose du monde la plus simple.

— C'est merveilleux, dit la princesse tout à fait adoucie.

Elle jugeait que ce lac stérile nourrirait désormais beaucoup ses gens et un peu ses amis.

— Mais, monsieur, dit-elle à mon ami, puisque les poissons vous aiment tant, je vous retiens.

— Comment donc! s'écria-t-il, je ne demande que ça.

Et il présenta sa carte.

Quand la princesse vit que son homme était marquis, elle s'adoucit cette fois jusqu'au sourire le plus charmant.

— Monsieur, puisque vous m'offrez si galamment le poisson que vous avez pris dans mon lac, vous ne pouvez pas vous dispenser de venir dîner chez moi. Vous vous y trouverez sans doute en pays de connaissance.

— Oui, princesse, vous avez là près de vous des gens qui ne disent rien, mais qui me connaissent bien; ils m'ont trouvé de trop mauvaise maison pour me présenter à vous.

Cinq minutes après, comme les amis l'avaient prévu, il donnait des ordres chez la princesse; mais elle le laissa faire en disant que c'était un homme d'esprit qui avait l'entrain et l'abandon d'un homme bien élevé; il était d'ailleurs très-agréable causeur, ne sachant rien, mais parlant de tout beaucoup mieux que ceux qui savent tout. Il y a des grâces d'état pour ceux qui n'ont peur de rien.

Qu'arriva-t-il chez la princesse?

Il y avait là une autre princesse, jeune fille charmante qui se trouvait trop majeure depuis trois ou quatre printemps. Elle était d'origine russe. Notre homme lui prouva qu'il était plus russe qu'elle-même puisqu'il était petit-fils de l'empereur Nicolas. Ils s'enlevèrent en tout bien tout honneur pour éviter tous les ennuis et tous les retards de la demande en mariage, peut-être aussi pour donner un sujet de comédie comme la *Visite de noces* à Molière III. C'est aujourd'hui le mari le plus heureux, c'est aujourd'hui la femme la plus heureuse. Quand ils auront des enfants, on fera de leur histoire un conte de fées.

IV.

OU VONT LES VIEILLES LUNES?

Ou vont les vieilles lunes, où vont les neiges d'antan, où vont les étoiles qui filent? Il y a quinze ans, on demandait des nouvelles d'une courtisane qui eut ses quarts d'heure de célébrité; on apprit qu'elle s'était pendue avec ses cheveux. Hier, on se demandait ce qu'était devenue la Joconde, une autre courtisane moins impénétrable que l'héroïne de Léonard de Vinci; on apprit aussi qu'elle s'était pendue avec ses cheveux. Celle-ci s'appelait Léontine Lemot; je ne parle pas de ses noms de guerre.

La pauvre fille était tombée du demi-luxe dans la plus sombre misère parce que la petite vérole était venue se jeter à la traverse; sa figure était son capital ; elle perdit tout en perdant sa figure. La veille, elle avait des amoureux et des courtisans ; tous ces oiseaux-là s'envolèrent au premier coup de vent.

Après avoir tout vendu peu à peu, il ne lui resta plus un jour que sa chemise de nuit et son admirable chevelure blonde. Elle habitait, dans les derniers temps, la chambre de son ancienne cuisinière. Elle avait vendu jusqu'à sa première bague, souvenir du premier amour. Elle se résigna à vendre ses cheveux, une gerbe vénitienne dorée par le vrai soleil et non par la chimie. Son ancien coiffeur lui avait dit ces horribles paroles :

— Vous n'êtes pas tout à fait ruinée puisque vous avez trois cents francs sur la tête.

Elle se décida donc à couper ses cheveux. Quand le sacrifice fut fait, elle les baisa et pleura.

— Non, non, dit-elle, je n'aurai jamais le courage de les vendre, j'aime mieux mourir...

Elle en fit deux tresses qu'elle joignit. C'était une corde de quatre coudées ; elle la passa dix fois à son cou avant de l'attacher à la fenêtre. Mais lisons sa dernière lettre :

A MADEMOISELLE HÉLÈNE BORGHY

RUE TAITBOUT, 74.

« Ma chère amie,

« Tu as été bonne jusqu'à la fin, mais je ne
« voulais plus vivre de charité, quelque déli-
« cates que fussent les mains qui m'apportaient
« l'obole.

« Depuis cette abominable maladie, je souffre
« mille morts. C'est que je n'ai pas le courage
« du travail; d'ailleurs, quand j'ai voulu donner
« des leçons de piano, j'ai été repoussée par-
« tout parce que je suis trop connue sur le pavé
« de Paris. Et puis il y en a qui s'accoutument
« à la misère, j'aime mieux m'accoutumer au
« tombeau. J'en finis donc avec la vie.

« Tu iras à Asnières embrasser ma mère qui
« vit là-bas, tu le sais, par la grâce de Dieu ;
« elle me pardonnera et toi aussi.

« Tu iras rue des Saints-Pères, chez le petit
« baron ; il a été cruel depuis que je ne suis plus
« belle, mais il fera un dernier sacrifice pour me
« donner une temporaire. J'aimerais mieux Mont-

« martre parce que c'est dans mon voisinage et
« parce que j'ai été amoureuse par là. Pas de
« frais de char; le train du pauvre; je n'en suis
« plus à faire mes poussières. Mais que le baron
« me donne cinq ans parce que j'ai peur de la
« fosse commune. S'il veut la concession à per-
« pétuité, laisse-le faire; mais cinq ans, c'est
« déjà le bout du monde. Tu mettras dans le
« cercueil le petit Christ d'argent que j'ai acheté
« dans ma maladie; il ne m'a pas porté bonheur,
« mais il fera le voyage au ciel avec moi. Mets
« ton portrait sur mon cœur avec le portrait de
« ma mère; il y aura aussi de la place pour
« mettre celui du baron, si ça l'amuse.

« Tu dénoueras ma corde de pendue, tu en
« garderas une poignée pour toi, — cela te por-
« tera bonheur — et tu me couvriras la figure
« du reste.

« Je t'embrasse et je signe pour la dernière
« fois.

« Léontine Lemot. »

Un matin, une voisine d'en face — c'était
dans la cour de la maison — ne s'expliquait
pas pourquoi elle entrevoyait une femme en

chemise, immobile, les bras pendants, devant la fenêtre entr'ouverte. Elle agitait encore la main. La voisine finit par comprendre que Léontine Lemot s'était pendue. On alla chercher le commissaire de police avant de vouloir la décrocher, selon l'habitude toute parisienne, car on préfère respecter la lettre de la loi que de sauver un pendu.

Mlle Héloïse Borghy pleura de vraies larmes en ensevelissant son amie. Le baron fut désespéré, mais, après avoir juré de lui élever un tombeau indestructible comme son amour, il se contenta d'une « temporaire. »

V.

LA MAIN DE JUSTICE.

Un légitimiste conta ceci :

Vous voyez bien cet homme qui court les antichambres des ministres avec un stigmate sur la joue, il se dit un héros du 4 septembre et un ami des hommes de la Commune. Il demande justice. Pourquoi? Il conte qu'il a été blessé à la guerre et qu'il faut lui donner un bureau de tabac.

Or, voici comment il a été blessé :

C'était le 4 septembre, à trois heures; ceux qui ne voyaient dans les défaites de la France que le triomphe de la République effaçaient sur tous les monuments les emblèmes de l'Empire, plus fiers que s'ils eussent effacé les larmes de la patrie. Cet homme — je ne dirai pas son nom pour ne pas flétrir un nom — se précipita en criant : Victoire! avec tout l'héroïsme d'un septembriseur. Contre qui?

Contre la statue de la Loi qui se profile sur la place du Corps législatif. Il commença par l'injurier, il monta ensuite à l'assaut pour lui arracher l'aigle qu'elle tenait à la main.

Mais voilà que, par un de ces miracles qui font croire aux miracles, quand il veut arracher l'aigle, la main de la Loi, qui fut ce jour-là une vraie main de justice, se casse sous cet effort, le renverse et le soufflette d'un soufflet ineffaçable.

Ce fut beau et ce fut terrible : le sang jaillit sur le marbre, un œil fut crevé, quatre dents furent brisées ; le septembriseur s'enfuit avec épouvante, comme s'il eût vu les Prussiens, comme si ses amis de l'émeute ne fussent plus là pour venir à son secours.

N'est-ce pas qu'il a bien mérité de la patrie, cet homme sans nom? Aussi lui a-t-on donné la médaille militaire un jour de confusion. Sur la recommandation d'un aveugle : on a vu dans sa cicatrice la marque d'un éclat d'obus prussien.

Mais il n'ose pas la porter sa médaille militaire ! Pourquoi ?

C'est qu'un brave homme qui le connait bien, un brave homme qui s'est battu contre les Prussiens et qui n'a pas demandé à être décoré pour cela, lui a dit : « Si jamais tu oses porter la médaille militaire, je te souffletterai de ma main de justice. »

VI.

L'EAU BÉNITE DU DIABLE.

On disait que la République aurait des mœurs. On s'aperçoit qu'elle a des passions. Les femmes ne font pas de politique : il faut bien qu'elles fassent quelque chose. Mais c'est surtout la courtisane qui reprend sa place au soleil — je veux dire la place des honnêtes femmes.

Et le prédicateur remonte en chaire pour crier encore au scandale.

Le diable me dit :

— Avez-vous entendu prêcher votre curé?

— Mon curé? je ne suis pas de sa paroisse.

— Tant pis, car il vous eût appris cette légende des catacombes : « Quand Dieu dit à une âme de faire ceci, le diable vient lui dire de faire cela. » Eh bien ! regardez cette jeune fille qui va entrer à l'église, c'est sous l'inspiration de Dieu; or, je vais la détourner de son chemin.

Le diable passa dans l'église, marchant en toute hâte vers le bénitier. Quand la jeune fille se présenta pour tremper le bout de sa main, il lui présenta le doigt si respectueusement avec une attitude de bon apôtre qu'elle sourit et toucha le doigt du diable.

Je suivis la jeune fille jusque sous la chaire à prêcher. C'était une institutrice qui donnait des leçons de style dans une des plus grandes maisons du faubourg Saint-Germain; elle avait pris l'air de la maison ; non-seulement elle aimait la messe qui a toutes les poésies de la religion et des arts, mais elle aimait aussi le sermon parce qu'elle aimait l'éloquence. Nous écoutâmes ensemble les belles paroles du prédicateur; elle était entre le diable et moi; le diable raillait, j'étais enthousiaste, si bien que la jeune fille se penchait de mon côté. Le sermon fini, nous étions les meilleurs amis du monde.

Or, voici ce que disait le prédicateur :

« Jéhovah avait dit du peuple de son choix :
« Il n'y aura point de courtisane parmi les filles
« d'Israël : *Non erit meretrix de filiabus Israel.* »
La parole de Jéhovah ne fut point entendue; la
courtisane fut en Israël et partout. Les Grecs la
connaissaient; ils l'avaient vue sortir de l'écume
de leurs flots d'azur et des rayons de leur soleil
de feu. Mais les Grecs se trompaient; elle n'est
point la fille de la nature; elle est la fille de l'humanité.

« Ce n'est pas la courtisane qui est nouvelle
dans le monde, c'est la place qu'elle y occupe.

La courtisane, autrefois, était presque exclusivement aristocratique ou royale : quand elle pénétra dans notre France, elle s'y cachait d'abord; plus tard elle s'y montrait sur ces hauteurs privilégiées où l'on se croyait trop souvent au-dessus des lois, au-dessus de la morale elle-même; elle y amassa des orages, on y recueillit des tempêtes... Trêve à ces souvenirs! paix à ceux qui sont morts! Le flot des révolutions a passé sur les palais et les a lavés dans le sang !...

« Aujourd'hui, le règne de la courtisane est plus démocratique. Sans déserter, hélas! les puissants de ce monde, elle élargit sans cesse le cercle de son empire; c'est une étrange application de la loi, juste d'ailleurs, qui préside à nos sociétés modernes : faire que ce qui était le partage du petit nombre devienne peu à peu le partage de tous. Elle a étendu son regard, elle a incliné son sceptre aux différents degrés de la hiérarchie sociale.

« Ce n'était qu'un essaim : aujourd'hui c'est un monde; et ce monde — le demi-monde, comme on l'a bien nommé — voudrait donner le ton et la mode au vrai monde... Le dirai-je? — en présence de ce succès toujours grandissant, l'honnête femme ne pouvant retenir auprès d'elle son mari, son fils, son père peut-être, l'honnête femme s'est demandé plus d'une fois avec angoisse le secret de cette fascination.

« Qu'a donc cette étrangère, et que me man-
« que-t-il à moi-même? » Elle a interrogé cet œil fauve et l'étrange feu dont il brûle; elle a considéré ce sourire, les inflexions de cette voix et les mouvements de cette taille; elle a étudié les mystères de ces toilettes et de ce luxe; et, trop noble et trop pure pour prendre dans sa réalité la séduction du vice, elle en a pris trop facilement les dehors. »

— Où donc ce prédicateur a-t-il si bien connu ces dames? me demanda la jeune fille. Il me donne l'horreur de ces femmes-là. Je ne mettrai jamais le pied dans leur chemin.

Quand elle sortit de l'église, elle me conta sommairement son histoire. Fille du peuple — fleur du peuple, — un galant homme pris à sa figure de dix-sept ans lui avait donné une instruction rapide — et féconde. Il était mort sans lui avoir rien demandé. *Elle voulait arriver,* selon son expression, elle était devenue institutrice. Nous promîmes de nous voir; elle s'imaginait déjà que j'allais lui donner ma main, moi qui ne songeais qu'à étudier un jeune cœur qui cherche à se donner. Jusque-là elle n'avait eu qu'un amour : la science. Mais la science, c'est un peu la curiosité; l'arbre de la science a toujours été fatal aux femmes. Naturellement je lui donnai les meilleurs conseils du monde, ne voulant pas que le diable eût raison; mais ce fut moi qui eus tort.

Dans la maison où cette jeune fille donnait des leçons de style aux filles d'un duc, il y avait un lycéen qui finissait sa philosophie; ils se rencontrèrent donc sous l'arbre de la science. Mes conseils n'avaient même pas germé dans le cœur de la jeune fille, le diable n'avait eu qu'à lui toucher le doigt pour la pousser dans le péché.

Je la rencontrai de loin en loin, parcourant rapidement les stations de la galanterie; il ne lui a pas fallu six mois pour arriver au bout du fossé.

Que si vous vouliez voir d'un peu plus près les manières de cette petite dame aujourd'hui fort à la mode sous le nom de Raymonde, je vous ferai assister en personnage invisible à une visite d'un nouveau venu.

Le nouveau venu est un fils de famille qui n'a encore mangé que la moitié de sa fortune. Il a été présenté par le vicomte de Harken, il est lui-même vicomte. On le reçoit donc avec quelques égards.

— Eh bien! mon cher vicomte, que me dites-vous de spirituel aujourd'hui?

— Rien. Une pareille question ne s'adresse qu'aux gens d'esprit. C'est leur métier de débiter des malices. Moi, je ne sais que vous dire que vous êtes belle.

— C'est toujours ça, mais c'est une malice parce que je suis horrible ce matin. Que voulez-vous, mon cher, nous ne sommes que des belles de nuit; je me suis couchée à l'aurore.

— On ne s'en douterait pas, car vous avez les fraîches couleurs de l'aurore. On dirait que vous êtes peinte par Chaplin.

— Je le voudrais bien, car on m'achèterait dix mille francs.

— Et on vous revendrait vingt mille.

— Des fadeurs! Est-ce que vous avez vu lever l'aurore, vous? Pourquoi n'êtes-vous pas venu au bal de la Bianchi? Des beautés en veux-tu en voilà, tu n'en veux plus en voilà encore.

— Vous comptiez pour quatre. Qui était là?

— Tout le monde, je parle de notre monde. Ah! on avait épluché les listes comme de la salade. Il fallait avoir ses trente-deux quartiers de noblesse...

— Ou de vertu.

— Ne riez pas, c'est comme dans l'armée : les généraux ne boivent pas avec les sergents-majors. Ce serait bien la peine d'être arrivée pour se retrouver en mauvaise compagnie. Par exemple, la petite Trois-Cœurs a voulu se faire présenter, mais zut! Et combien d'autres de ses pareilles! Ces créatures-là se figurent que parce qu'elles ont détroussé un collégien elles vont prendre le haut du pavé. Restez donc sur le trottoir, mesdemoiselles.

Le vicomte se permit de sourire à la cantonade.

— Je comprends, dit-il gravement, il faut faire son stage, mais je vous trouve sévère pour l'avant-garde quand vous êtes si indulgente pour la vieille garde.

— Ni vieille garde ni avant-garde : nous sommes inflexibles à l'endroit des femmes.

— Oui, je comprends, vous êtes plus faciles pour les hommes.

— Pas si faciles que ça. Quand l'homme n'a pas de naissance, il ne vient pour ainsi dire chez nous que par l'escalier de service. Nous sommes la noblesse de robes.

— C'est vrai ; mais la nuit, tous les hommes sont égaux.

— Peut-être. Mais le jour, mon cher, mais au bal il faut se rabattre sur les usages. Une femme qui se mésallie est une femme à la mer.

— Voilà pourquoi vous faites un si effroyable usage des princes étrangers.

— Tout justement. Moi qui vous parle, depuis que j'ai un prince, je ne prends guère la peine de mettre mes diamants.

— Alors, comment fait Lucie avec son marchand de vin?

— Que voulez-vous, Lucie se nourrit de perles.

— Vous voulez dire de rubis, car lorsqu'elle boit c'est rubis sur l'ongle.

— Je veux dire qu'il lui faut tant d'argent qu'elle en prend où elle en trouve. Tant pis pour elle. Voilà pourquoi cette mangeuse d'huîtres fait rafle sur tous les comptoirs de son amant.

— Était-il au bal cette nuit?

— Lui! allons donc. Il s'est imaginé que le lit de Lucie lui donnait la noblesse, mais il a beau faire, il n'est pas de notre monde.

Second sourire railleur du vicomte.

— Comme vous dites, il n'est pas de votre monde.

— Dites de notre monde, vicomte.

— J'te vas tuer.

— Voyons, soyons sérieux. Vous savez fort bien que toute femme a son blason sur ses jupes. Mais un homme, quoi qu'il fasse, ne se désencanaille pas, à moins qu'il ne fasse un acte d'héroïsme, à moins qu'il ne devienne premier ministre, à moins qu'il ne fasse un beau tableau, une belle statue ou un beau livre.

Cette simple conversation, que j'ai sténographiée sans y changer un mot, vous prouve que la ci-devant institutrice est destinée à instruire tous les hommes — je veux dire tous les gentilshommes — qu'elle rencontrera sur son chemin.

Ce n'est pourtant pas sa mère ni ses trente-six pères qui lui ont enseigné l'art héraldique. Je lui serai bien fâcheux si elle lit ce livre, car elle se reconnaitra dans ce portrait de ses dix-sept ans quand elle chiffonnait dans les rues avant de chiffonner dans son boudoir. Car elle a été chiffonnière comme Mlle Marguerite.

VII.

LES MARIS CONTENTS.

C'était à un bal masqué.
Je ne saurais dire les quadrilles de quiproquos qui dansaient là dedans; les Françaises ont succédé aux Italiennes pour jouer les imbroglios.

En voici un qui mérite de vous être rapporté.

Un représentant du peuple et un ci-devant préfet de l'Empire avaient voulu aller à la fête sans leurs femmes; mais les deux femmes, qui sont deux cousines, se sont entendues pour y aller sans le crier par-dessus les toits.

Naturellement elles étaient venues là surtout pour intriguer leurs maris. Dieu sait si elles s'en sont donné à cœur joie ! Elles ont commencé par les inquiéter sur les suites de leur absence.

— Comment, a dit l'une d'elles, pouvez-vous laisser ces pauvres femmes à la maison ? êtes-vous bien sûrs qu'elles y resteront sans vous ? qui vous dit qu'elles ne sont pas allées se promener au bois pour faire du sentiment au clair de la lune ?

— Allons donc, dit l'un des maris, nous connaissons nos femmes, des colombes qui se couchent de bonne heure. Nos femmes sont de celles qui filent de la laine.

— Prenez-y garde, Pénélope aussi filait de la laine, mais Ulysse a bien fait de revenir.

Les maris ont reconnu leurs femmes.

Jusqu'ici, ce n'était que la première scène d'une comédie. Mais là ne devaient pas s'arrêter les frais d'imagination de ces dames. Au bout d'un quart d'heure elles s'étaient métamorphosées. Celle qui avait le domino rose avait pris le domino bleu, pendant que son amie prenait le domino rose, si bien que les deux maris furent trompés quand elles revinrent prendre leur bras, chacun d'eux croyant avoir affaire à la femme de son ami. Or, jamais les deux femmes n'avaient été si tendres et si engageantes; aussi les deux maris furent bientôt effrayés de leur bonne fortune.

— Quoi! disait l'un, une femme de préfet, je la croyais si vertueuse! On n'avait jamais mal parlé d'elle! Après tout, je suis un homme irrésistible; tant pis pour le préfet.

— Quoi, disait l'autre, me voilà en bonne fortune avec la femme de mon ami! Ma foi, tant pis pour lui; je ne suis pas fâché de jouer ce tour-là à la République. Ces députés de l'opposition s'imaginent que la République a réformé les mœurs, ils feraient mieux de réformer leurs femmes.

Et, de part et d'autre, le préfet et le représentant du peuple s'évertuent à trouver toutes les éloquences du cœur. Aussi les deux femmes étaient séduites à ce point qu'elles ne demandaient plus qu'à quitter la fête pour aller, par cette belle nuit d'été — la nuit du 1er juin — faire un tour au bois dans toutes les joies de l'amour.

Les deux maris étaient bien quelque peu inquiets.

— Oui, disait l'un, ce sera charmant de faire

un tour au bois, mais si votre mari s'aperçoit que vous n'êtes plus là?

— Mon mari! Est-ce vous qui devriez me rappeler mon mari quand je veux l'oublier avec vous?

Et, sur ce beau mot, on faisait un pas vers la porte du jardin, on montait en voiture et on courait au bois.

La même scène se reproduisait pour les deux autres personnages avec tout autant d'entrainement et d'abandon.

Ce fut une vraie idylle nocturne mise en musique par les sifflements du merle, cet oiseau railleur qui n'est venu habiter Paris que pour siffler les Parisiens.

— Comme c'est beau l'amour! disait un des maris en regardant les étoiles.

— Comme c'est beau d'aimer! disait l'autre en embrassant le domino rose.

Le domino bleu était d'un sentimental couleur du temps.

Le représentant du peuple n'était jamais monté à la tribune avec autant d'émotion qu'il en ressentait en embrassant la main de sa femme.

— Qui m'aurait dit, murmurait le préfet, que

le plus beau jour de ma vie serait habillé en domino rose!

Les femmes luttaient par les plus charmantes coquetteries. C'est à peine si l'une avait voulu ôter discrètement son gant, c'est à peine si l'autre avait penché son front sur les lèvres de l'amoureux improvisé.

Ce jeu-là ne pouvait pas durer toujours. Les maris finirent par reconnaître qu'ils étaient en bonne fortune avec leur femme.

L'une a donné un soufflet à son mari parce qu'elle l'a trouvé trop aimable avec elle quand il ne croyait pas que ce fût elle; l'autre ne lui pardonnera jamais pour l'avoir trompée avec elle-même, à ce qu'elle dit. Qu'est-ce que cela prouve comme étude du cœur humain?

Il y aurait là tout un chapitre pour Montaigne et pour Érasme. Je l'écrirai peut-être un jour, mais aujourd'hui je me contente de dire qu'il faut donner des bals masqués pour ramener les maris à leurs femmes et les femmes à leurs maris.

Ceux-ci et celles-là sont revenus à la fête pour souper gaiement après leur promenade un peu risquée. Ils m'ont conté l'aventure; jamais je n'ai vu des maris si heureux avec leurs femmes.

Je crois que le domino rose et le domino bleu savent maintenant à quoi s'en tenir sur l'art de réveiller l'amour qui dort.

Les étoiles s'effaçaient du ciel et on dansait encore ; mais que d'étoiles dans ces femmes, à commencer par la maîtresse de la maison! Les plus brillantes étaient Mme Lopapoff et Mme de Byzance, deux Russes qui sont belles même quand elles sont masquées ; Mlle Costa de Beauregard, une vignette de Keepsake ; Mlle de Praneuf, la merveille des merveilleuses. Mais ce serait toute une kyrielle radieuse de femmes du monde et de femmes de théâtre. Quelles sont celles qui ont le mieux joué la comédie? Assurément les femmes du monde, parce qu'elles apprennent cela au berceau, tandis que les femmes de théâtre n'apprennent cela qu'au Conservatoire.

VIII.

LA PERLE ROSE.

Il y a, à Paris, une femme du demi-monde qui se croit une femme du monde parce qu'elle est fort jolie et qu'elle a une cour d'amoureux. Ses moyens d'existence, on ne les connaît pas.

C'est une héroïne à la Shakspeare avec les pâleurs rosées, l'air romanesque, la bouche entr'ouverte par le sourire, les cheveux blonds toujours en rébellion, la désinvolture chaste et voluptueuse à la fois, de l'esprit parisien à pleines mains; — des mots canailles tombent de cette belle bouche comme des crapauds des lèvres de la princesse des contes de fées; — plus d'abandon que de perversité, toujours prête à la trahison, mais avec des larmes de repentir.

Nous allons la voir à l'œuvre.

Elle est arrivée un jour du fond de la Pologne en disant que son mari était prisonnier en Sibérie. Elle est toute jeune encore et elle porte l'absence en rose. Quand on est bien amoureux d'elle, elle ne vous dit pas, comme cette actrice célèbre : — Jetez-vous par la fenêtre pour me prouver votre passion. — Mais elle vous dit : « Si vous m'aimez tant, donnez-moi la seule chose que j'envie sur la terre, c'est une perle rose incomparable qui est chez un joaillier et qui me donne soif comme à Cléopâtre. »

Elle conduit l'amoureux chez le joaillier; l'amoureux est ravi lui-même de cette merveille qui semble tombée du sein de Vénus après y être restée un peu plus longtemps que les autres perles. Comment refuser une si belle chose à une si belle femme? d'autant plus que la perle rose ne coûte que dix mille francs.

Il n'y a pas d'amoureux au col cassé qui ne puisse aller jusque-là, d'autant plus que le joaillier compte une signature comme de l'argent comptant. Voilà donc la perle achetée.

Au bout de quelques jours, l'amoureux s'étonne de ne pas la voir au cou de la dame.

— Oh non! lui dit-elle, j'ai écrit aux Indes pour qu'on m'en trouve une pareille, j'en veux faire deux pendants d'oreilles dignes d'une reine, seulement je vous supplie de me garder le secret jusqu'au jour où j'aurai les deux perles roses.

Et, tout en parlant ainsi à celui-ci, elle dit à celui-là toujours mystérieusement :

— Ah! mon ami, puisque vous m'aimez tant, faites-moi une grâce : il y a chez mon joaillier une perle rose qui vaut cent mille francs et qu'on me donnerait pour dix mille, mais les robes coûtent si cher que je n'ai plus de quoi acheter ni diamants ni perles, donnez-moi ce joyau qui manque à la Couronne.

Et celui-ci comme celui-là se laisse conduire chez le joaillier.

— N'est-ce pas, mon ami, que c'est un miracle. Voilà qui est du plus bel Orient. L'Aurore du vieil Homère n'en a jamais laissé tomber de pareilles dans les roses qui tombent de ses doigts.

Naturellement le second fait comme le premier, il se laisse prendre à la poésie et au mirage.

Un troisième survient, non moins enthousiaste, puis un quatrième, puis un cinquième, et c'est toujours la même histoire : « Surtout, gardez-moi le secret jusqu'au jour où je recevrai une autre perle du fond des Indes. »

Donner une pareille perle à une femme, ce n'est pas lui donner de l'argent; c'est décrocher une étoile du ciel, c'est couper une rose dans le jardin des califes.

Toute cette petite comédie est si bien menée qu'on s'imagine être le privilégié par excellence. Qui ne s'estimerait heureux de faire la joie de ces beaux yeux bleus qui font rêver à toutes les poésies?

D'autant plus que la dame est du plus beau désintéressement :

« — Je ne suis pas une femme entretenue, dit-elle à tout propos. »

C'est à peine si elle daigne accepter un bouquet, mais elle refuse obstinément d'accepter quoi que ce soit — sinon la perle rose.

Or, depuis un an qu'elle est à Paris, savez-vous combien de fois le joaillier a vendu la perle rose? Vingt et une fois! Total deux cent dix mille francs que la noble Polonaise a prélevés sur l'amour de son prochain.

IX.

OU VA LE MONDE.

Ce fut un républicain qui prit la parole :
Chirac, le médecin du duc d'Orléans, était un original de beaucoup d'esprit qui eut de l'esprit jusqu'au dernier mot.

Il ne s'apercevait pas qu'il était malade, tant il était inquiet de la santé des autres, mais voilà qu'un jour il se tâte le pouls. « Ah diable! dit-il, c'est un homme mort, j'ai été appelé trop tard. »

Aujourd'hui la société se tâte le pouls et pousse le cri de Chirac; elle s'imagine qu'elle est perdue et qu'il est trop tard pour appeler le médecin. La société me paraît se mal tâter le pouls; c'est tout simplement une femme qui a des vapeurs, qui s'ennuie d'être heureuse et qui veut aller aux aventures.

Tout est pourtant pour le mieux dans la moins républicaine des républiques. Il n'y a aujourd'hui que les gens heureux qui se plaignent; les millions se trouvent pauvres et ont peur du lendemain. La vertu ne se trouve pas assez payée par la vertu. « Comme on fait son lit on se couche, » c'est encore un proverbe boiteux ; la société s'est couchée sur l'or, elle veut se retourner de l'autre côté. Je ne désespère pas de voir avant un an verdoyer toute une Arcadie inespérée, car on parle d'encourager les bêtes à cornes — un crédit illimité !

Après cela, que voulez-vous faire d'un monde où le moi prend partout des coudées trop franches; c'est le despotisme du moi : on parle sans cesse de liberté sans comprendre ce mot-là. On veut la liberté pour moi ; or le moi est un despote sans merci.

Hier, un de mes amis, le meilleur homme du monde, à ce qu'il dit, voit aux Champs-Élysées un gentleman précipité sur l'asphalte du haut d'un phaéton.

— Oh mon Dieu! s'écria mon ami en regardant le gentleman évanoui, quel affreux spectacle! heureusement que j'ai toujours sur moi un flacon d'eau-de-vie.

Et il boit le flacon d'un trait.

— Sans cela, reprit-il tout ému et tout pâle, j'allais me trouver mal.

La société dit qu'elle veut être sauvée; elle appelle à son secours tous les docteurs : docteurs en politique, docteurs en morale, docteurs en théologie, docteurs en athéisme; cela me rappelle beaucoup cette grande dame, égarée dans ses terres de Normandie qui, toujours ennuyée, tentait tous les matins et tous les soirs une nouvelle équipée à la ville voisine; ses cochers et ses postillons étaient sur dents; ils avaient beau faire, elle se trouvait toujours mal conduite. Un jour elle avise son jardinier.

— Mathurin, lui dit-elle, es-tu capable de me conduire ce matin?

— Si j'en suis capable, madame la duchesse! Madame la duchesse a donc oublié que c'est moi que j'ai eu l'honneur de la verser il y aura un an aux pommes?

La société est comme madame la duchesse.

X.

LE BEAU MONDE.

Madame Armande Van Kessel est une Hollandaise, qui s'ennuyait en Hollande et qui est venue s'ennuyer à Paris. On lui avait tant dit que Paris est l'enfer des maris et le paradis des femmes, qu'elle était partie un beau matin sans jeter un regard de regret à son hôtel d'Amsterdam, ni à sa petite maison de Saventheim. Et pourtant si son hôtel avait l'air refrogné d'un hôtel qui s'ennuie, sa petite maison souriait dans les roses ; ce n'était qu'un jardin de poupée, mais où les fleurs poussaient sur les fleurs.

Vainement elle avait voulu distraire son cœur à son esprit à Amsterdam et à Saventheim : elle y avait vécu comme dans un tombeau avec un mari silencieux, qui ne répondait à ses coquetteries indolentes que par des bouffées de fumée. Le brave homme fumait en dormant, tant il avait peur de se réveiller.

Mme Van Kessel débarqua un soir à Paris, boulevard Malesherbes, avec deux cent mille livres de rente, elle avait laissé son mari en Hollande dormir plus profondément. Il lui avait promis que, s'il se réveillait un jour, il viendrait la voir.

Elle était effrayée de son bonheur. Vivre à Paris, le jour et la nuit, au bois et à l'Opéra, se risquer à toutes les fêtes, coudoyer les duchesses et les comédiennes, faire piaffer ses chevaux dans les Champs-Élysées, ouvrir ses salons aux mondains et aux mondaines des quatre mondes, aller à la messe à Saint-Augustin ou à Saint-Philippe du Roule, c'était à mourir de joie : aussi, pendant les premières semaines, elle était radieuse. Elle présidait à l'ameublement de son hôtel tout en chantant les noces de Figaro. Elle acheta deux chevaux anglais de haute naissance, qui avaient eu leur baptême dans le *Sport*, qui avaient glorieusement traversé les écuries célèbres. Ils étaient si bien appareillés qu'on les avait surnommés Castor et Pollux : en moins de quinze jours, Mme Van Kessel avait jeté 150,000 francs sur le pavé de Paris ; son mari lui avait permis d'emporter des chinoiseries incomparables, des tapisseries flamandes, un tableau de Rembrand, un tableau de Rubens, un Ruysdaël, et un Hobbéma, si bien qu'elle se trouva chez elle avec quelque faste. C'était d'ailleurs une femme de haut goût, qui ne voulait pas faire de son hôtel un magasin de bric-à-brac, où hurle le beau avec le laid. Elle disait avec raison qu'il faut « des silences » pour les yeux et que les belles choses ne doivent pas être jetées pêle-mêle les unes sur les autres. Elle avait quatre tableaux de prix, elle en acheta quatre autres, un Delacroix, un Diaz, un Ziem, un Corot, pour avoir quelque peu l'expression de l'art contemporain.

Quand tout fut organisé, elle trouva que son hôtel était charmant, mais elle s'aperçut qu'il y manquait quelque chose.

Ce quelque chose, c'était du monde. Dans cette cage toute dorée il n'y avait qu'un oiseau, comment en faire venir d'autres ? « Je n'y avais pas pensé, » se dit Mme Van Kessel.

Mais elle ne douta pas qu'on ne fût très-heureux de venir voir ce joli intérieur, en s'asseyant autour de sa table: elle se promettait de donner à dîner comme pas une. En Hollande on ne dîne pas très-bien, mais elle savait comment on dîne bien, elle était venue plus d'une fois à Paris, où elle avait surpris l'art de la gourmandise, sans conter qu'elle avait souvent médité Brillat-Savarin. Du monde elle en eut et de tous les pays — le dessus du panier international, des ducs, des marquis, des comtes, des barons, des princes surtout — et des chevaliers de toutes les industries.

Et des femmes! Toutes les poupées de la mode, pas une n'y manquait. Il y avait là huit robes du style le plus flambant. — Flambez finances!

« Un Ange sur la terre » ouvrait la marche, traînant ses airs séraphiques. Elle fut suivie de Mlle Aubépine, retour d'Italie, qui s'appelait la marquise Roma, sous prétexte qu'elle avait épousé, de la main gauche, un Romain à Rome. Elle était d'ailleurs plus jolie que jamais dans sa pâleur rosée.

On annonça presque en même temps Mme de Lorme, une arrière-petite-fille de Marion Delorme par les mœurs sinon par le sang. Marion Delorme jouait du théorbe et de la guitare.

Mme de Lorme avait amené avec elle notre jolie chiffonnière, qui avait pris des airs de fille du monde et qui commençait elle-même à pincer de la harpe dans les salons.

Nous ne sommes pas au bout de la kyrielle : Mlle Rosa la Rose, qui était avec un prince russe, et qui en prenait le nom, franchit le seuil du salon avec l'air le plus dégagé du monde.

Après elle venait Mlle Virginie, celle-là que nous avons rencontrée chez Laborde, avec Mlle Cora (sans perles, celle-là pour qui M. Paul s'était jeté à la Seine sans la faire sourciller; il est vrai qu'il avait commencé par lui donner un coup de couteau. Mlle Virginie, qui avait débuté par beaucoup de tapage, vivait depuis quelque temps dans la demi-teinte et avec un seul amant, ce qui lui donnait cette illusion qu'on avait oublié ses frasques. Elle se hasardait dans quelques salons de la société étrangère, sous prétexte qu'elle allait débuter à l'Opéra. La vérité c'est qu'on n'a pas voulu d'elle pour chanter les Theresa.

On vit pourtant entrer ce jour-là chez

Mme Van Kessel deux étrangères qui allaient dans tous les mondes : la première était la princesse circassienne, la seconde était cette belle Diana, qui avait écrit des pensées dans le bréviaire de la princesse au grain de beauté.

Mme Van Kessel ne se tenait pas de joie de recevoir une si belle société.

J'en passe et des meilleures ; en revanche, il n'y avait pas trop de mal à dire des hommes. Le préfet de police en les voyant aurait bien eu l'envie d'en mettre quelques-uns à la porte, ou de les faire appréhender au corps, car il y avait là le comte de Beauminet, le vicomte de Chateaufondu et le chevalier de Bondy, constellés tous les trois de croix étrangères.

Mme Van Kessel souriait à tout ce monde-là avec abondance de cœur.

— Enfin ! se disait-elle, j'ai donc un salon où l'on s'amuse.

On ne s'amusait pas du tout, parce qu'on avait chassé le naturel ; les femmes posaient et parlaient du bout des lèvres, les hommes se mesuraient comme s'ils avaient l'épée à la main ; mais le naturel revint au galop quand Mme Van Kessel proposa de danser.

— A la bonne heure, dit Mlle Rosa la Rose, à « Un Ange sur la terre, » car jusqu'ici on ne savait sur quel pied danser.

On commença par danser comme à la cour de Louis XIV, avec la gravité la plus majestueuse. Mais au troisième quadrille toutes ces dames levaient le pied.

Mme Van Kessel s'offensa à bon droit de ces licences.

— En vérité, me dit-elle, ces femmes du monde, à Paris, s'abandonnent trop à leurs fantaisies.

— Que voulez-vous, lui répondis-je, il y a femme du monde et femme du monde. Toutes celles qui dansent là sont décidément de trop bonne compagnie.

— Que voulez-vous dire?

— Je veux dire qu'on vous a amené pour inaugurer vos salons le dessus du panier de nos courtisanes à la mode.

— Que me dites-vous là?

— Oh mon Dieu, ce qui vous arrive, chère madame, est arrivé à presque toutes les étrangères la première fois qu'elles ont ouvert leur maison à Paris. C'est bien naturel; quand vous

vous promenez au mois de juin dans la campagne, si on vous montre un champ de blé vous n'admirez pas les épis qui seront tout à l'heure des grains d'or, vous vous penchez tout de suite pour cueillir des bleuets et des coquelicots, c'est-à-dire l'ivraie.

XI.

LA LUNE DE FEU.

Un général américain parla des incendies de Paris et du danger d'aimer les belles imprudentes de Paris.

« En Amérique, dit-il, quand il y a un incendie, c'est une ville qui brûle ; à Paris, quand on crie *au feu !* c'est une comédienne qui flambe. Ce que j'ai vu brûler de comédiennes est innombrable ; il est vrai qu'elles ont l'habitude de « brûler les planches. » Voilà sans doute pourquoi on les accuse de mettre le feu elles-mêmes, d'autant plus qu'il y a toujours des cœurs qui brûlent autour d'elles. »

Aurélien Scholl, qui joue au Champfort, parmi

les journalistes parisiens, a pu dire hier avec beaucoup d'esprit : « Rien de nouveau sous le soleil, Mlle *** n'a pas été brûlée cette semaine, ni elle ni aucune de ses pareilles. »

En effet, le dernier incendie a consumé pour trois cent mille francs de meubles chez une très-jolie quasi-cantatrice dont l'appartement était le paradis terrestre — après les pommes mangées.

Les compagnies de sauvegarde qui avaient assuré ce mobilier luxueux, jettent les hauts cris ; mais on leur répond : « Pourquoi assurez-vous les comédiennes? Mlle Sa¹ .ra une adorable femme, n'a-t-elle pas été brûlée deux fois? Mettez-y plus de galanterie, faites bien les choses. Vous savez que vous avez affaire à de belles imprudentes qui se couchent tard et qui n'éteignent jamais leur bougie. Oseriez-vous accuser les princesses de la rampe de se brûler elles-mêmes? C'est alors qu'elles vous feraient payer trois cent mille francs de dommages et intérêts pour atteinte à leur honneur. Quand un journaliste demande des dommages et intérêts contre une calomnie, on lui accorde cinq louis pour faire des reprises à son honneur, mais quand c'est une comédienne, on ne saurait payer trop cher puisque les reprises sont plus difficiles.

Il ne faut pas accuser ces dames du théâtre de se payer chez elles un feu d'artifice. Au fond, elles sont « honnêtes hommes », ne pouvant être femmes honnêtes — je ne parle pas des exceptions; — d'ailleurs ici, la quasi-cantatrice ayant laissé brûler dans l'incendie ses chiens qu'elle adorait, a prouvé qu'il n'y avait pas de préméditation. Ah! si l'incendie n'avait brûlé que ses amoureux!

Nous avons à Paris une grande dame étrangère qui passe dans le monde avec un front qui ne rougit jamais et qui pourtant a commis ce crime de lèse-humanité. Oui, madame, nous avons une femme qui a brûlé son mari. La chose vaut-elle la peine d'être contée?

Il y a une circonstance atténuante : le mari n'aimait pas sa femme. Pourquoi l'avait-il épousée? En Amérique, un homme voit une belle fille qui n'a pas de dot, mais il l'épouse en disant que la beauté c'est de l'argent comptant — et il a bien raison — tandis qu'en Europe un homme rencontre une femme laide habillée de billets de banque, il l'épouse en disant qu'il n'y

a pas de bonheur sans argent — et il a bien tort.
— C'est ce qu'avait fait le comte d'H*** : il avait pris Mlle Armande O*** parce qu'elle traînait un million sur ses pas. Mais il avait compté sans son hôte. Mlle O*** était un caractère. Elle ne voulait pas qu'on se moquât d'elle, aussi le prit-elle de haut avec son mari.

— Monsieur, lui dit-elle en pleine lune de miel — laquelle lune de miel était une lune de fiel — je sais que vous avez une maîtresse qui vous domine, mais prenez garde, car vous ne me dominerez pas. Si vous êtes un galant homme, je vous pardonnerai d'avoir déjà, sur ma dot, donné des diamants à votre maîtresse, mais si vous ne m'avez prise que pour mon million, je me vengerai.

Le mari ne fut pas un galant homme, la femme devint une femme galante — dans le silence du cabinet de toilette — car elle n'alla pas crier sur les toits qu'elle se vengeait de son mari. Par malheur, cette vengeance ne réussit pas ; le mari disait comme le philosophe antique : « A tout événement le sage est préparé » ; il continua à manger avec sa maîtresse le million de la dot sans s'inquiéter de sa femme.

Quand la dignité a fui la maison, il n'y a plus ni homme ni femme, il n'y a plus que des criminels ou des fous. Dans ce mauvais mariage, on en arriva jusqu'à se battre ; la violence succéda à l'injure ; le mari parla de séparation.

— Ah oui, je vous comprends, s'écria la femme, vous voulez une séparation de corps parce que vous avez mangé les biens.

— Oui, dit froidement le mari.

— Eh bien, moi, reprit la femme, je veux mieux que ça; vous avez tué mon cœur, vous avez tué ma raison, vous avez tué mon honneur, je veux votre mort.

Le comte d'H*** voulut se moquer de sa femme.

— Mais, madame, puisque je ne demande qu'à m'en aller, pourquoi voulez-vous ma mort?

— Je veux votre mort, parce que c'est ma seule vengeance, vous savez que la vengeance c'est le plaisir des dieux et des femmes.

— Chansons ! madame; les lâches se vengent, les femmes se vengent, les dieux et les lions ne se vengent pas. Dites la vérité, si vous désirez ma mort, c'est que vous voulez vous remarier.

— Pourquoi pas, monsieur, j'ai été si peu mariée avec vous?

Cette jolie causerie conjugale monta au plus haut diapason; elle finit, comme toujours, par des caresses à la Sganarelle. Vous savez comme l'homme de Molière battait bien sa femme.

Ce fut sans doute ce jour-là que la femme battue et pas contente conçut le projet de se débarrasser de son mari.

Mais, comment s'y prendre? Il était la force et elle était la faiblesse; elle ne réussirait pas par un coup de poignard, elle trouvait que le poison était l'arme des lâches. D'ailleurs, elle voulait bien tuer son mari dans un accès de colère, mais, une fois revenue à elle, elle avait horreur du crime.

Or, voici ce qui se passa : un soir qu'elle le surprit couché, lisant une lettre de sa maitresse, elle mit le feu aux rideaux du lit et s'enfuit de la chambre en enfermant son mari. Voulait-elle le brûler vif ou voulait-elle seulement lui donner un avant-goût de l'enfer? Il cria : Au feu! Mais les domestiques étaient couchés à un autre étage. Il paraît que ce fut horrible. Il se cogna aux portes tout affolé; la chambre était tendue de cretonne Louis XV. En moins d'une minute, les flammes des rideaux mirent le feu aux tentures.

M. d'H*** ouvrit une fenêtre, mais on ne se jette pas par la fenêtre quand on est si peu habillé.

La femme finit par avoir pitié, elle ouvrit la porte et joua la surprise comme si le feu n'eût pas été mis par elle. Mais il était trop tard, non pas pour le sauver de la mort, mais pour l'empêcher d'être défiguré.

On a beaucoup parlé et on parle encore dans tous les mondes de cette vengeance de la femme. Elle a ses défenseurs qui accusent le mari de lui avoir fait subir tous les tourments de la jalousie, du dédain et de la ruine.

Quand le tribunal a prononcé leur séparation, il ne restait à la ci-devant Mlle O*** que trois ou quatre mille livres de rente avec lesquelles elle ne ferait pas bonne figure dans le monde si sa famille ne fût venue à son secours.

Mais c'est le mari qui ne fait pas bonne figure avec ses cicatrices sur les joues et sur le front. C'est triste de porter les stigmates du feu sans avoir quitté ses foyers.

XII.

L'ENFANT VOLÉ.

On parlait de saltimbanques et comme de coutume on leur donnait toutes les vertus. Le diable prit la parole :

— Je ne suis pas un sentimental, dit-il, mais j'ai aussi mes larmes ; eh bien ! tel que vous me voyez, j'ai pleuré il y a huit jours sur la place Clichy. Je regardais les saltimbanques ; il y avait là une station des plus comiques où l'avaleur de sabres le disputait à la géante qui avale des serpents.

Pendant que les premiers sujets faisaient de l'œil aux deux sous du public, une petite fille de treize à quatorze ans marchait sur la tête et sur les mains comme si elle eût été créée pour ne pas marcher sur ses pieds; c'était devant elle que tombaient les deux sous parce qu'elle était jolie et pâle comme Mignon. Je lui donnai cent sous et je reprochai au chef de la troupe de condamner la pauvre enfant à cette marche forcée.

— N'ayez pas d'inquiétude, me dit le paillasse fort en gueule, la gaillarde s'amuse plus que vous et plus que moi. Tout son bonheur est d'être sens dessus dessous. Voyez, elle fait la roue comme les premiers clowns du Cirque. On dirait qu'elle est née là dedans.

— Elle n'est donc pas née là dedans? demandai-je au paillasse.

— Je n'ai pas si bonne mémoire. Je veux que le diable m'emporte si je sais où elle est née, ni comment elle nous est venue, mais elle est ici comme dans sa famille.

Le paillasse n'avait pas fini de parler qu'un homme sortit de la foule, se précipita vers l'enfant et la saisit dans ses bras en s'écriant :

— Ma fille !

Mais l'enfant, comme une couleuvre, lui glissa des bras et s'élança vers le paillasse pour chercher un abri contre celui qui l'appelait sa fille.

L'homme vint à nous, c'était un médecin de la barrière du Trône à qui on avait volé sa fille dix ans auparavant.

— Ma fille! ma fille! dit-il en essayant de ressaisir l'enfant.

— Il est malade, ce bonhomme-là, dit le saltimbanque en jetant Maria sur l'estrade.

Le père s'adressa à moi :

— Monsieur, au nom de tout ce que vous avez de plus cher au monde, aidez-moi à reprendre ma fille.

J'étais ému comme à un cinquième acte de drame.

C'est que le cri de cet homme était le cri de la nature. J'avais un pied sur la première marche de l'estrade, je montai sans m'inquiéter des spectateurs qui s'imaginaient qu'on leur jouait la comédie, car les saltimbanques, comme les comédiens des théâtres de genre, jouent quelquefois leur pièce dans la salle en plein vent comme sur la scène.

Le paillasse, qui était d'abord descendu jusqu'à moi, était remonté comme pour protéger ou masquer la petite.

Le médecin, qui me suivait, s'accrochait à moi

parce qu'il n'avait plus ni force, ni voix, ni jambes. Un peu plus, il tombait évanoui.

— Voyons, lui dis-je en le plantant sur ses pieds, prenez courage, je vais vous rendre votre fille.

Le paillasse avait repris ses airs bachiques comme si la comédie continuait.

— Monsieur, lui dis-je avec la gravité d'un homme qui joue un grand rôle, quelqu'un des vôtres a volé cette enfant, donnez-la-moi pour son père.

— Oh! la la la, dit le paillasse, il y en a encore qui s'imaginent qu'on vole des enfants.

— Oui, monsieur, repris-je.

Je le jetai violemment en bas de l'estrade et j'allai à la petite qui avait poussé un cri d'effroi. C'était un oiseau; un peu plus elle m'échappait encore.

— Non, non, non, dit-elle, je ne veux pas qu'on me conduise à cet homme tout noir.

Je la tenais d'une main, son père lui prit l'autre main et se pencha pour l'embrasser, mais elle le repoussa.

— Ma fille! ma fille! dit-il en éclatant en sanglots.

La petite s'était jetée en arrière; il me fallut la clouer dans les bras de son père.

Cependant le paillasse était revenu furieux le poing en avant.

— Vous savez, mon bonhomme, lui dis-je, très-doucement, que je n'ai pas peur de vous.

Et je présentai mon poing comme pour mesurer les armes.

Mais il baissa le poing parce qu'il comprit que les spectateurs n'étaient plus pour lui.

— Eh bien! de quoi, dit-il en se tournant vers le père, parce qu'on aura ramassé cette guenille-là par charité, il faudra encore qu'on vous en fasse un crime! Oh mon Dieu! si elle veut aller avec vous, qu'elle aille avec vous.

— Non, jamais! dit la petite, qui se débattait dans les bras de son père sans vouloir le reconnaître.

— Vous voyez bien, dit le paillasse en s'enhardissant, qu'elle n'est pas votre fille!

— Ah! monsieur, me dit le père en repoussant son enfant, comprenez-vous mon malheur? Cette fille, c'est ma fille... et elle ne veut plus être ma fille...

J'avoue que je ne savais plus que penser. Et

pourtant cet homme n'était pas fou, si ce n'est fou de désespoir. Mais il n'était pas douteux que la petite saltimbanque avait pour lui une véritable répulsion. Aussi se jeta-t-elle avec frénésie dans les bras du paillasse.

— C'est celui-là qui est mon père, dit-elle en se tournant vers moi et vers les spectateurs.

— Malheureuse enfant, dit le médecin, qu'on lui découvre l'épaule et on verra une framboise que mes deux autres enfants portent comme elle.

Ce fut bientôt fait, malgré les résistances opiniâtres de l'enfant.

Le paillasse jugea qu'il n'y avait plus à revendiquer son sujet.

— Eh bien! dit-il, en versant une vraie larme, qu'on m'emporte cette pauvre petite que je croyais bien à moi, car je l'aimais comme ma fille.

Il porta sa manche à ses yeux.

— Hi! hi! hé! hé! dit-il en pleurant, y a-t-il rien de plus malheureux que moi au monde? Qu'on rende la recette, je n'ai plus de cœur à toutes ces farces-là, je ne veux pas travailler aujourd'hui.

Il y avait bien trois francs cinquante centimes

dans la sébile que la petite avait promenée. Le paillasse jeta tout généreusement devant lui.

Jusque-là, ceux qui avaient pris le parti du vrai père, prirent le parti du père adoptif.

— Qu'on amène un fiacre, criait le médecin.

— Ça m'est égal, dit la petite, je n'irai pas avec vous, je ne vous connais pas, je veux jouer la comédie, je veux vivre avec mes camarades et avec mon ami.

Ce mot — mon ami — ne me frappa point d'abord. Et pourtant c'était un horrible mot dans la bouche de cette fille. Son ami! — oserai-je le dire tout haut? — son ami, c'était son amant!

Oui, cette enfant, cette dépravée, cette pauvre misérable qui faisait la culbute comme un clown anglais, qui buvait de l'eau-de-vie comme on boit du lait, qui avait l'œil hardi de la débauche, avait déjà couru les premières étapes du vice.

Ce n'était pas Mignon aspirant au ciel, c'était Mignon aspirant à l'enfer.

En ce moment, le médecin qui avait repris ses forces, mais qui ne se possédait plus, crut comprendre tout son malheur.

Il se jeta sur le paillasse, le roula à terre et l'étrangla presque. Ce fut un drôle de spectacle sur la place Clichy quand on vit Paillasse laissé pour mort sous l'estrade. Tous les spectateurs prenaient fait et cause, qui pour le médecin, qui pour le saltimbanque ; il fallut que la garde intervint, conduite par les sergents de ville. La mêlée fut rude ; plus de vingt personnes allèrent au poste, le père et la fille en tête.

Et maintenant, où est la fille?

Elle est aux filles repenties de Saint-Michel, mais le père ne se consolera pas parce qu'elle ne se repentira pas.

Le saltimbanque a tué son âme.

XIII.

LES FORTUNES PARISIENNES.

Plus d'un homme d'esprit écrit l'histoire des bonnes fortunes parisiennes, n'y a-t-il pas de quoi faire une page sur la misère dorée de Paris — où ceux qui ont de la fortune n'ont pas d'argent — où ceux qui ont de l'argent n'ont pas de fortune ?

Le diable nous dit un jour :

Si un mathématicien sérieux — car beaucoup de ces messieurs ne font des mathématiques que pour ne pas savoir compter — venait à Paris et ouvrait un grand-livre de la fortune privée, il étonnerait bien tout le monde, car il dirait à tout le monde : « Vous n'avez pas le sou. » Du moins il dirait : « Vous n'avez pas de quoi vivre comme vous faites. »

Où est l'argent et qui a l'argent? lui dirait-on.

Il répondrait que l'argent est dans les mains de tout le monde, mais que personne ne le possède. Il passe par toutes les mains : c'est là le miracle.

Un philosophe pourrait dire : Il faut du génie pour faire un livre, un tableau, une statue; pour inventer la vapeur ou l'électricité; pour découvrir une étoile ou une cantatrice; mais il faut bien plus de génie encore pour vivre à Paris, quelque soit le diapason, — pour y vivre pauvre comme pour y vivre riche.

S'il y a un peuple qui ne thésaurise pas, c'est le parisien, je ne parle pas du boutiquier qui fabrique du vin, ni du banquier qui prête au jour le jour, ni de tous ceux qui ne sont pas dignes d'être parisiens. Je parle de ceux qui sont emportés par les quatre chevaux des passions; ceux qui ont leur part de célébrité dans le livre héraldique, dans les lettres et dans les arts; ceux qui veulent devenir ministres ou qui l'ont été; ceux qui sont montés une fois sur le piédestal de politique; ceux qui font courir les chevaux et ceux qui courent après les femmes. Je n'en sais pas un, parmi les plus riches, qui ne dépense beaucoup plus qu'il n'a.

Et le jour de la liquidation ?

Eh bien ! le jour de la liquidation, c'est comme à la Bourse, les uns payent et les autres ne payent pas.

Mais la liquidation ne se fait pas tous les quinze jours comme à la Bourse : l'homme qui a le génie de la vie parisienne se fait reporter d'année en année, espérant toujours que le jeu de la vie lui sera meilleur.

S'il ne finit pas par gagner, il a au moins gagné du temps ; qu'importe s'il ne laisse pas de quoi se faire enterrer, on acceptera sa succession sous bénéfice d'inventaire.

C'est toujours sous bénéfice d'inventaire qu'on accepte toutes les successions parisiennes.

Et quoi ! me direz-vous, ce brave cavalier qui va le matin fumer des trabucos au bois sur un cheval anglais de cinq mille francs, vous me ferez croire qu'il n'a pas de quoi vivre ?

Il a de quoi vivre aujourd'hui ; le hasard des choses lui permettant peut-être de vivre demain s'il a du génie il s'imposera dans le crédit et il finira par avoir cent mille francs de dettes, ce qui est déjà une position sociale.

Et ce journaliste si renommé, ce gentleman gentilhomme qui ne veut pas que le pied de sa femme se heurte à un pli de rose, qui donne des dîners de Sybaris, qui se paye le luxe de l'intérieur, comme son talent s'impose le luxe du style, ne gagne-t-il donc pas ce qu'il dépense?

Non, parce qu'il dépense le meilleur de sa vie à une œuvre filiale : celui-là n'a pas voulu accepter sous bénéfice d'inventaire la succession de son père, son père un galant homme qui s'est ruiné en de périlleuses aventures : là encore on ne peut pas faire la balance.

Et ce duc? — j'ai failli dire ce duc et pair — qui a un château et un hôtel, des terres et des rentes. Me ferez-vous croire qu'il ne met pas les deux bouts ensemble?

Non, parce que noblesse oblige ; parce que les châteaux coûtent cher — les hôtels aussi, — les enfants surtout ; il a cent mille livres de rentes, il en dépense le double, en retenant la bride de toutes ses forces, jusqu'au jour où il sera ministre et jouera à la Bourse.

Et ce représentant du peuple qui s'indigne

contre toutes les sinécures, qui ne veut pas que les fonctions publiques soient rétribuées, vous ne direz pas qu'il n'a pas de foin dans ses bottes?

Oui, mais il a ses bottes percées; il a mis tout en jeu pour se faire nommer représentant du peuple; il lui a fallu hypothéquer ses fermes; maintenant qu'il s'occupe du bien public, il perd de vue son bien privé; à la fin de la session les huissiers seront chez lui et il ne sera pas assez riche pour se faire réélire.

Et ce banquier qui remue des millions?

Pas un mot de plus! il remue des millions sur le papier; mais ce n'est pas le papier de la Banque; certes il a un hôtel, des gens, des maîtresses; il va à l'Opéra tous les vendredis, il va aux courses tous les dimanches; à l'Opéra il parle haut, aux courses il parie haut; il vous mettra en actions si vous voulez, il a une caisse ouverte, mais c'est pour recevoir, ne lui demandez jamais d'argent...

Je pourrais multiplier les figures, c'est le jeu de Paris, c'est le jeu de la vie; descendez, descendez encore, c'est partout les mêmes moyens d'existence; croyez-vous que l'étudiant vive à Paris avec sa pension provinciale; que le maître de philosophie ait la philosophie de bien faire son budget? C'est la loi fatale; tout le monde vit au jour le jour, — et tout le monde vit du lendemain.

Et du surlendemain !

A quoi bon regarder si loin ?

Les Américains, qui sont aujourd'hui nos maîtres, nous enseignent l'art de faire fortune par le génie des affaires ; nous nous contentons d'avoir le génie de vivre.

Au fond il n'y a que des pauvres à Paris. Dans chaque riche il y a un pauvre, mais ce qui est consolant, c'est que dans chaque pauvre il y a un riche.

Mais ceux qui n'ont pas d'argent comptant s'imaginent que le bonheur c'est de compter et non d'escompter. Ils font tout au monde pour en avoir. On appelle voleurs de professions ceux-là qui ont une profession pour voler sans avoir maille à partir avec la justice, par exemple ceux qui payent patente pour vendre à faux poids ou débiter du vin qu'ils fabriquent ou du pain qu'ils blanchissent. Ces commerces sont si bons qu'on s'enrichit rien qu'en vendant un fonds de volerie.

On disait à Marivaux : « Pauvreté n'est pas vice. — C'est bien pis, » répondit-il, pour faire le procès à la société.

Voltaire demandait à un mendiant si la fortune ferait son bonheur : « Oh! mon Dieu, je ne suis pas malheureux; mais je voudrais être riche pour être salué quand j'éternue. »

Chacun a son idéal. Par malheur, au XIX° siècle, beaucoup trop de gens ont voulu qu'on leur dise : *Dieu vous bénisse!* Ce n'est pas le droit au travail qu'ils demandent, c'est le droit à l'argent, « l'argent des autres. »

— C'est vrai, dis-je au diable, mais vous ne parlez pas de ceux qui travaillent pour rien, tous ces martyrs du devoir et de la science...

— Je vous vois venir, vous croyez encore qu'il y a des gens qui travaillent pour l'humanité.

De quelque côté que vous tourniez les yeux vous voyez l'impunité radieuse. Ce n'est pas seulement chez les hommes de banque et de bourse, chez le marchand de pain et chez le marchand de vin, chez le serviteur de l'Etat et chez le serviteur du prochain, chez le mari qui trompe sa femme et chez la femme qui trompe son mari.

Voici les hommes de science, les uns découvrent des étoiles qui n'ont jamais existé, les autres sauvent des malades qui n'ont jamais vu la mort de près. Penchons-nous un instant sur les médecins ; en voici un qui a réuni tous ses disciples comme en un congrès. Il a déjà fait des merveilles, mais il veut se surpasser : il a mis la main sur un bon homme qui porte un ventre cyclopéen. Le grand praticien a juré qu'il enlèverait ce ventre comme avec la main ; le bon homme se porte à merveille, mais son ventre tracasse sa femme, il veut être agréable à sa femme pour ses étrennes. On endort le sujet. « Voyez, dit le médecin, quelle admirable opération. » Le ventre est enlevé, tout le monde applaudit et tout le monde s'en va.

Le bonhomme dort toujours : « laissez-le dormir, » dit le médecin, à la femme émerveillée. Là-dessus il court à l'Académie de médecine et conte qu'il vient de faire une opération inouïe qui a réussi comme par miracle. La science crie victoire.

Et le bon homme comment va-t-il? La belle demande, il ne s'est pas réveillé, mais l'opération n'en est pas moins belle pour cela.

XIV.

LE TÉLÉGRAMME.

La princesse trouvait toujours les histoires trop longues. Et, quand on ne contait pas d'histoires, elle ne permettait jamais deux alinéas, même à Girardini. Elle aimait mieux que tout le monde parlât en même temps.

On lui dit un jour :

— Eh bien ! contez vous-même !

Son conte fut bientôt dit. Le voici :

« Mon histoire, dit-elle, s'appelle le télégramme. Écoutez bien. Il y a trois personnages : Le duc du Caucasé, la duchesse, un ténor sans théâtre ; le duc est un homme d'esprit qui a oublié sa femme parce que sa femme s'est oubliée en route. Il a soixante ans, mais sa femme est bien plus vieille : elle a cinquante ans.

« Elle lui a écrit hier par le télégraphe :

Demande divorce. Offre cent mille roubles. Parti splendide.

« Voici la réponse :

Accepte divorce avec frénésie. Refuse argent. Demande le nom de l'antiquaire.

XV.

MADAME DON JUAN ET LADY LOVELACE.

Je voulais peindre ici deux amies de la princesse qu'elle voyait de loin en loin et qu'elle avait surnommées Mme Don Juan et lady Lovelace; c'étaient deux femmes du monde qui, en effet, représentaient jusqu'à l'absolu le type éblouissant de ces deux caractères et de ces deux idées. La première disait comme lord Byron : « Pour l'homme l'amour est un épisode, pour la femme c'est toute l'existence ; » ou encore : « Les hommes ont toutes les ressources, les femmes n'en ont qu'une : aimer de nouveau et se perdre encore. » Molière avait déjà écrit : « Je ne puis refuser mon cœur à tout ce que je vois d'aimable.

Dès qu'un beau visage me le demande, si j'en avais dix mille je les donnerais tous. »

Diana la seconde disait comme Alfred de Musset : « Tout pour rien : » Elle prenait sans se donner, aussi peut-on dire d'elle: « Belle, fière, rieuse et n'ayant rien au cœur. Prenez garde ! mon œil d'airain c'est l'œil vainqueur. »

Mais l'étude de ces deux femmes, que tout le monde coudoie à Paris, ferait craquer ce volume. Il faudrait les peindre avec toute la science d'un Holbein ou d'un Balzac; c'est plus qu'un épisode, c'est tout un livre que j'écrirai peut-être un jour.

LIVRE XXVII

LE DERNIER AMOUR
DE LA PRINCESSE

IL NE FAUT PAS TENTER LE LOUP.

I.

La princesse au grain de beauté et Mlle d'Armaillac, dans leur fureur de curiosité, descendirent bientôt jusqu'à jouer toutes les comédies de l'amour. Elles croyaient réserver leur dignité parce qu'elles n'allaient pas jusqu'à dire le dernier mot, mais si elles avaient pour elles leur conscience, elles n'avaient pas pour elles l'opinion. Il est vrai qu'elles se moquaient de l'opinion.

Elles vivaient dans un petit cercle de femmes trop spirituelles qui riaient de tout, comme la Messaline blonde, cette adorable femme, toujours honnête dans ses folies, qui faisait croire à tout le monde qu'elle trompait son mari, à tout le monde même à son mari.

La Messaline blonde avait amené chez la princesse cette femme charmante qui avait fait quelque bruit au dernier temps de l'Empire, sous le nom de la chanoinesse rousse, laquelle avait entrainé la belle et fantasque Bérangère, M*me* Monjoyeux, revenue de ses trahisons corporelles, mais non de ses trahisons platoniques. On voyait aussi çà et là, chez la princesse, Violette de Parisis qui vivait fort retirée au château de Parisis, mais qui, à ses voyages à Paris, venait sourire dans ce monde *d'esprit fortes*, selon l'expression de la princesse.

Les hommes s'imaginaient volontiers que ces femmes qui riaient étaient désarmées. Mais la moquerie est la meilleure sauvegarde de l'amour. Ce qui perd les femmes c'est l'aspiration, la rêverie, la sentimentalité. Une femme qui ne rit pas est à moitié perdue, si elle n'a pour sentinelle le berceau de ses enfants.

On ne se figure pas le nombre de fats attrapés dans ce guêpier amoureux qui s'appelait le salon de la princesse. On y recevait tous les jours deux fois, vers quatre ou cinq heures, au départ pour le bois, à minuit au retour de l'Opéra ou des fêtes mondaines : on s'était ennuyé des deux côtés, on venait passer là quelques bons quarts d'heure. Les sots et les imbéciles qu'on trouve toujours ensemble, mais qui ne sont pourtant pas de la même race, ne s'éternisaient pas chez la princesse. Elle ne faisait pas de façons pour les recevoir, sachant bien qu'ils ne prendraient pas pied chez elle. On s'amusait de leur manière de s'en aller. N'est-ce pas, en effet, toute une comédie que donne un sot ou un imbécile qui veut sortir et qui n'ose pas, qui cherche un mot et qui ne le trouve pas, qui laisse tomber la bêtise et son chapeau du même coup, qui se heurte à une porte fermée au lieu de passer par une porte ouverte. Le duc de Morny, Léon Gozlan et moi nous avons tenté de mettre sur la scène cette comédie-là. — Cela s'appelait *les lundis de madame*, — au théâtre français. M. Fould, ministre d'État, la trouva mauvaise. Il n'aimait pas Morny, il interdit la pièce, pour prouver qu'à nous trois nous n'avions pas eu de l'esprit comme quatre : il manquait M. Fould. Nous nous vengeâmes gaiement : M. Fould chassa quelques jours après avec l'Empereur, la veille même de son renvoi. Nous fîmes alors une complainte : « M. Fould a été chasser hier avec l'Empereur, « mais aujourd'hui il a été chassé tout seul. » C'est à peu près le refrain.

Je ne vous dirai pas toutes les charmantes folies inventées par ces dames. Elles étaient fort engageantes parce qu'elles étaient belles et parce qu'elles n'étaient pas bégueules ; on s'aventurait dans leur intimité jusqu'à vouloir dorer l'amitié aux rayons de l'amour. « Allez toujours ! » disaient-elles doucement pour mieux tromper leur monde. Mais quand on s'était avancé dans la forêt nocturne, elles vous plantaient là avec une cruauté toute féminine. On était blessé quasi mortellement d'un coup d'éventail.

Et comment ne pas s'y laisser prendre quand on vous apparaît d'abord avec tant d'abandon voluptueux, quand on écoute vos chansons amoureuses et qu'on chante le refrain avec vous, quand on marche du même pas vers le château enchanté, sans vous avertir que le château vous ensevelira sous l'éclat de rire des fées railleuses.

On a longtemps parlé du fleuve du Tendre : la princesse et ses amies n'étaient ni précieuses ni ridicules. Elles parlaient le français pittoresque et coloré de la grammaire moderne. Elles vivaient de la vie de tout le monde sans vouloir être ni des prudes ni des femmes savantes. On dînait bien chez la princesse ; quoiqu'elle eût beaucoup d'esprit, elle n'escamotait pas le rôti comme Mme de Maintenon, cette femme qui a fait école dans la cuisine bourgeoise. Mme Geoffrin donnait tous les ans, au jour de l'an, une culotte à ses habitués, car les gens de lettres ont été les premiers sans-culottes. Comme on rappelait cette histoire chez la princesse, un convive, faisant allusion à l'abondance des grands vins de la maison, — les coupes à vin de Champagne et à château Yquem contenaient une demi-bouteille — s'écria : « Les convives de Mme Geoffrin recevaient tous une culotte à domicile, les convives de la princesse s'en vont tous avec une culotte. »

C'est peut-être un membre de l'Académie, section du Dictionnaire, qui a risqué ce beau mot.

J'ai dit que ces dames s'amusaient beaucoup de leurs amoureux : elles n'en faisaient que chair à pâtés, ces ogresses endiablées. Il fallait tous les jours un sacrifice à leur curiosité gourmande.

Nous conterons une aventure pour mieux

peindre les folies de ces dames. Mais d'ailleurs ce fut la dernière aventure de la princesse.

II.

Donc un jour la belle Charlotte qui s'ennuyait dit à Mlle d'Armaillac :

— Ma belle Jeanne! il me vient une idée pour me distraire : j'ai deux amoureux qui en sont au même point, je vais leur écrire à tous les deux la même lettre sans y changer une virgule, une vraie déclaration d'amour qui leur donnera la fièvre et qui les mettra en campagne pour avoir raison de ma folie. Nous verrons un peu s'ils auront la même tactique pour me prendre ou pour me surprendre. L'un a de l'esprit, c'est le comte de Vaujours; l'autre n'est pas trop bête, c'est le marquis de Cormeilles. Gardez-moi le secret s'il vous parle de moi, n'oubliez pas de dire qu'il y a quelque chose là.

Et la princesse se frappa le cœur.

— Vous allez bien, vous, dit Mlle d'Armaillac,

vous me prenez là d'un seul coup deux amoureux. Mais je ne vous en veux pas, car ils me reviendront.

— Prenez garde! dit la princesse, le plaisir de trahir une amie pourrait me faire faire une sottise.

Elle était déjà à son secrétaire et elle écrivait la première lettre :

« Mon cher marquis,

« Il me semble qu'il y a bien longtemps que
« je ne vous ai vu. Vous êtes venu hier comme
« toujours, mais vous êtes parti avant tout le
« monde. Et puis se voir en compagnie ce
« n'est pas se voir. Venez donc demain à une
« heure. Vous me trouverez dans le négligé
« de ma toilette et de mon esprit, ou, si vous
« aimez mieux, restez ce soir après tout le
« monde.

« Une princesse curieuse. »

— Comment! s'écria Mlle d'Armaillac, vous écrivez de pareilles lettres! Et si on les envoie au prince? Et si on les fait autographier?

— Êtes-vous bête! est-ce que je n'ai pas une femme de chambre aux écritures? On n'a pas une ligne de moi.

On fit venir Mlle Charmide, une ci-devant figurante de l'Opéra qui avait été longtemps au service de la Messaline blonde. Cette fille prit la plume et écrivit prestement les deux lettres avec une écriture beaucoup plus aristocratique que celle de la princesse.

Mlle d'Armaillac fut émerveillée et pria sa belle amie de lui donner par-ci par-là sa femme aux écritures.

Une heure après, les deux lettres troublaient beaucoup les deux amoureux.

— Oh! la bonne fortune! disait l'un, j'étais bien sûr que la princesse me tomberait sous la main! On ne me résiste pas si longtemps. J'aime les princesses, moi; je ne veux pas me mésallier. Prendra qui voudra des coquines, pour moi, palsembleu! je ne suis à mon aise qu'avec les grandes dames.

Et saute, marquis! M. de Cormeilles fit une pirouette.

— Voilà qui est mystérieux, dit l'autre de son côté; est-ce une déclaration d'amour ou une déclaration de guerre? Est-ce une invitation à la valse ou un piége à loup?

C'était le comte de Vaujours qui était l'homme d'esprit des deux; il n'avait point de fatuité parce qu'il savait que l'occasion est une catin. Il se défiait des douceurs de la princesse, sachant qu'elle avait l'art de faire des dupes. Il se rappelait le mot de La Rochefoucauld : « L'esprit est toujours dupe du cœur. »

Le marquis de Cormeilles n'avait pas manqué de dire : « J'attendrai, ce soir, que tout le monde soit parti. » Le comte de Vaujours, qui avait peur de s'enferrer, jugea que la vraie politique était d'attendre au lendemain, d'abord pour ne pas avoir l'air de trop se hâter, ensuite parce qu'il aimait le négligé de la toilette et de l'esprit. Pour lui, une heure de l'après-midi valait mieux qu'une heure du matin, une femme aimant mieux bien finir sa journée que de la bien commencer.

III.

Or, le soir même, quand tout le monde prit son pardessus, après avoir salué la princesse, le marquis de Cormeilles alla lui-même jusque dans l'antichambre, comme s'il dût sortir avec toute la compagnie ; mais il revint sur ses pas, en disant qu'il avait oublié son chapeau. La princesse ne fut pas trop surprise de le voir rentrer dans le petit salon.

— Vous avez oublié de me dire bonsoir, lui dit-elle.

Il débita quelques fadeurs, comme celle-ci :

— J'ai oublié mon cœur, je viens vous demander si vous ne l'avez pas trouvé.

— Oh ! mon Dieu ! lui dit-elle, on le trouvera peut-être demain matin, avec les bijoux perdus, en balayant.

La causerie dura cinq minutes sur ce ton.

Après quelques pirouettes, le marquis se risqua à le prendre sur le fa dièze. Il dit à la princesse que, depuis qu'il avait lu et baisé sa lettre, il était devenu fou et qu'il ne vivait plus que dans l'idée de se jeter à ses pieds.

Ce qu'il fit de l'air du monde le plus convaincu.

Mais la princesse était terrible dans ses railleries.

— Eh bien! maintenant que vous êtes là, ne faut-il pas que je vous relève?

— Oui, dans vos bras!

— Oui, vous vous en feriez mourir, mon cher marquis.

— Si vous saviez comme je vous aime!

— Vieille chanson; est-ce que vous voulez jouer les ténors?

— Je jouerai tout ce que vous voudrez.

— Eh bien, jouez *Allez vous-en, gens de la noce!* Songez donc qu'il est deux heures du matin; je ne veux pas d'un duo à pareille heure.

La princesse se leva, laissant le marquis agenouillé.

Quand on se jette aux pieds d'une femme, c'est à la condition de lui bien tenir les mains pour se relever si elle se lève; sinon on joue un rôle ridicule.

Le marquis se releva deux secondes trop tard; il voulut se raccrocher aux branches en saisissant le bras de la princesse ; mais que fit-elle ? Elle le conduisit doucement jusqu'à la cheminée. Il marchait en aveugle. Là, elle lui prit la main — celle qui tenait son bras, — et elle s'en servit pour sonner pendant qu'il se penchait pour lui baiser l'épaule. Le valet de chambre entra.

— Dites à Charmide que je vais me coucher. Adieu, monsieur le marquis.

Et la princesse quitta le petit salon avant que le valet de chambre ne fût sorti lui-même.

Le marquis comprit qu'il avait mal joué son jeu et se demanda comment il le jouerait mieux.

Mais cette fois il prit son chapeau pour tout de bon.

Or, le lendemain ce fut le tour du comte de Vaujours. La princesse ne voulait pas le recevoir, en lui disant par la porte de sa chambre qu'elle dormait encore.

— Eh bien, princesse, laissez-moi entrer, je vous bercerai, dit le comte.

Elle vint dans le salon. Comme il l'avait prévu, elle était dans le déshabillé du matin, cheveux à demi noués, robe ouverte, mules de satin qui ne tiennent pas aux pieds.

— Vous êtes adorable ainsi ! Celui qui ne connaît les femmes qu'au bal ne les connaît pas.

— Ce n'est pas faute d'être déshabillée!

— Oui, mais c'est toujours un peu la même femme. Au bal il y a trop de poupées. J'aime les ceintures relâchées, les cheveux flottants, les robes ondoyantes.

— Moi aussi, car je ne suis bien que quand je ne sens ni le corset, ni la ceinture, ni la bottine.

— Oui, car vous êtes la grâce et la grâce n'est pas soumise à tout le despotisme de la mode.

— Comme vous parlez bien le matin, mon cher comte! vous êtes comme les oiseaux : vous chantez quand le soleil luit.

Disant ces mots, la princesse se mit au piano, comme si elle voulût déjà se défendre, tant elle sentait le magnétisme amoureux de M. de Vaujours.

Il la suivit, il se pencha sur elle, il lui baisa les cheveux.

— Vous savez que ce ne sont pas mes cheveux, lui dit-elle.

Il s'enhardit et lui baisa le cou.

— Prenez garde, je suis toute peinte.

— Ne faites pas tant de façons, j'aime la peinture.

La princesse souriait.

— Comme vous avez de belles dents !

— Oui, vous voudriez bien être mordu ; mais, c'est encore une illusion, car le prince m'a donné un faux râtelier pour mes étrennes. Rien n'est vrai chez moi, pas plus le cœur que la figure.

— Voyons, dit le comte, en avançant la main pour toucher le cœur.

— Chut ! dit la princesse. Il n'y a personne là.

— Au contraire, il y a trop de monde.

— Eh bien, mon cher comte, si vous croyez qu'il y a trop de monde, vous repasserez un autre jour.

— Je n'ai pas peur de la foule :

> A vaincre sans péril on triomphe sans gloire.

— Ni péril, ni triomphe, ni gloire ; vous voyez en moi une femme qui s'amuse des hommes, mais qui ne s'amuse pas avec les hommes.

— Mais c'est déjà une faveur de vous amuser.

— Le fait est qu'il y en a tant qui m'ennuient !

Et ainsi on se renvoya le volant avec toute l'agilité du prestidigitateur.

Depuis son aventure avec le faune la princesse s'était moquée de tous ses amoureux, mais il ne faut pas tenter le loup.

Elle se croyait hors d'atteinte parce qu'elle avait pour arme l'éclat de rire qui désarme les plus aguerris; mais le comte de Vaujours riait aussi bien qu'elle. Le faune l'avait prise en ayant l'air de ne pas vouloir la prendre, le comte de Vaujours la prit à son tour en toute gaieté d'esprit. Elle ne pardonnait pas qu'on fît du sentiment avec elle; il ne joua pas au Werther non plus qu'au passionné; il cueillit prestement l'heure d'amour comme on prend un sorbet ou comme on fume une cigarette. Glissez, n'appuyez pas.

La princesse s'aperçut trop tard qu'elle n'avait plus qu'à oublier. Mais elle s'aperçut en même temps que jamais homme n'avait cueilli l'heure avec elle avec plus de grâce, de charme et d'esprit.

Elle était enchantée de sa manière de dire et de sa manière de saisir l'à-propos. Quand il lui dit adieu, elle sentit qu'elle allait l'aimer; elle voulut se moquer d'elle-même, mais elle le rappela.

— Quand vous verrai-je? lui demanda-t-elle.
— Jamais, répondit-il.
— Jamais, je ne connais pas ce mot-là.
— Vous avez tort, si vous voulez garder doucement le souvenir d'une heure perdue, ne nous revoyons pas. Moi, je vous emporte dans mon cœur, je ne vous oublierai pas.

M. de Vaujours n'était pas, comme on voit, un amant sempiternel.

— Voyez-vous, reprit-il, en cherchant une image poétique, l'amour c'est l'orage, le souvenir c'est l'arc-en-ciel.

Il était déjà à la porte.

— Ce sont des phrases, dit la princesse en lui tendant la main pour qu'il revînt à elle; moi, je ne vous aime pas aujourd'hui, je vous aimerai demain.

IV.

Le comte de Vaujours retourna le lendemain chez la princesse, puis le surlendemain. Mais le prince, qui avait ses alternatives de jalousie, selon que Mlle Toutyva lui fut douce ou méchante, s'avisa de trouver que le comte, qui était invité le soir, venait trop souvent le jour. Il souffla sur le feu; la princesse n'était qu'à mi-chemin de sa passion, elle devint tout à fait folle.

Elle se fit donner une ordonnance de médecin pour aller prendre les eaux d'Ems; elle savait bien que son mari ne la suivrait pas en Allemagne parce qu'il ne voulait retourner au Rhin que pour le prendre. Le comte de Vaujours ne voulait pas non plus aller en Allemagne, mais il est avec la géographie des accommodements. Elle l'enleva en Suisse en lui disant qu'elle ne s'était jamais si bien portée et qu'elle n'irait à Ems, à quinze jours de là, que pour recevoir les lettres de son mari et pour y répondre.

Les dénoûments ne sont jamais voulus; les personnages romanesques sont le jouet du hasard et des catastrophes imprévues quand le dénoûment tourne au tragique. Le plus souvent, c'est la vie bourgeoise qui a raison; on meurt de ne plus vivre, c'est-à-dire de ne plus vivre par les belles passions qui font la joie et le désespoir de l'âme. C'est l'histoire du commun des martyrs, mais il y a des hommes et des femmes qui appellent la foudre comme les cimes. Ce sont les prédestinés de l'amour. La princesse n'était pas de celles qui finissent dans la paix du cœur.

Elle, aussi bien que Mlle d'Armaillac, elle devait aboutir à quelque catastrophe. Ces coups du hasard ne sont-ils pas tout simplement la punition du ciel? Voici ce qui arriva à la princesse :

Il fallait qu'elle fût bien amoureuse pour n'avoir rien dit à qui que ce fût, pas même à Mlle d'Armaillac; elle lui annonça seulement, comme à ses autres amies, qu'elle allait passer quelques jours à Ems. Jeanne regretta de ne pas partir avec elle, mais elle pensa que Charlotte partait avec son mari.

Les amoureux firent un très-agréable voyage en Suisse, sans trop s'inquiéter de Guillaume Tell ni de Calvin. Ils étaient heureux d'y trouver les grandes solitudes neigeuses et les promenades agrestes.

Ils oubliaient là le monde depuis huit jours quand les journaux nous apprirent la fin de cette belle équipée. Ils étaient montés comme tous les voyageurs sur le Righi, non pas précisément

pour voir le ciel de plus près, mais parce que
tous les chemins leur étaient bons. Et puis il fallait bien marquer quelque souvenir de leur passion par une belle ascension poétique. La montée
fut très-amusante en compagnie d'Anglaises
sentimentales ; on passa là-haut une nuit d'hiver
en plein été, c'était charmant par le contraste ;
d'ailleurs, on était si près l'un de l'autre qu'on
n'avait pas froid. Quand on descendit, on fut
téméraire ; la princesse ne voulait pas monter à mulet ; le comte la portait dans ses bras
parce qu'elle avait le vertige quand la roche était
trop escarpée. Il avait le pied du chasseur, aussi
disait-il qu'il était sûr de lui quand elle s'effrayait du précipice. Mais voilà qu'au passage de
la *Roche qui tremble*, le pied lui manqua, peut-
être parce qu'il embrassait la main de la princesse ; c'est du moins le récit de leurs compa-
gnons de voyage. Vous voyez d'ici la chute
effroyable. Ils roulèrent comme un tourbillon
dans l'abime, la princesse la première, mais le
comte la suivit de près. On les vit disparaître
dans les neiges amoncelées. Les guides qui
étaient en arrière, en leur qualité de guides,
firent semblant de tenter le sauvetage pour être

récompensés par la famille; mais trois jours après seulement les amants furent retrouvés; on ne savait ni leur nom ni leur pays; enfin, grâce à une carte du comte de Vaujours, on écrivit à Paris qu'il avait été précipité dans l'abîme, emportant une jeune dame. Le prince dressa l'oreille; il n'avait pas reçu de nouvelles d'Ems; il télégraphia et se mit en route le soir même.

Il reconnut la princesse et ne voulut pas la reconnaître. On n'a pas oublié tout le bruit de cette catastrophe.

La princesse avait cherché l'éternel amour, l'a-t-elle trouvé?

Le prince ne pleura pas sa femme, mais la princesse fut pleurée par Mlle d'Armaillac.

Ce qu'il y eut d'étrange, c'est que la veille de l'ascension au Righi la princesse avait écrit ce petit mot à Jeanne :

« Ma belle oubliée, je vous dirai un jour ma
« folie. J'ai pris le chemin des écoliers pour aller
« à Ems; gardez-moi votre cœur et ne vous mo-
« quez pas de moi comme je me suis moquée de
« vous; ce que je ne vous ai pas dit de près, je
« vous le dis de loin : je suis amoureuse, aussi

« je me hâte de finir ce billet, car je suis devenue
« bête comme vous.

« Charlotte. »

Mlle d'Armaillac sentit qu'elle avait perdu sa véritable amie ; il y avait eu bien des nuages sur cette amitié, mais que d'heures charmantes elles avaient passés ensemblée dans leur ardente curiosité, vivant des mêmes idées et presque des mêmes sentiments.

Avec la princesse, Mlle d'Armaillac se croyait forte encore, forte contre tout, même contre sa passion ; mais en perdant son amie, elle se sentait vaincue, sans espoir de revanche, au milieu d'un monde où elle n'avait semé que la jalousie et la haine par l'éclat de sa beauté et par les dédains de sa fierté.

Le prince ferma son hôtel et envoya à Mlle d'Armaillac le bréviaire de la princesse. Quand Jeanne ouvrit ce livre d'une main distraite, avec un soupir vers le passé, le hasard qui fait toujours bien les choses lui mit sous les yeux ce sonnet sur la *Mort :*

J'ai vu de près la mort. Elle porte un flambeau
Qui brûle lentement ; c'est la clarté première.

Par delà l'infini, la porte du tombeau,
Se fermant sur la nuit, s'ouvre dans la lumière.

Pleurer ceux qui s'en vont, pourquoi? Le ciel est beau.
L'aurore après la nuit revient en coutumière,
L'alouette en chantant se moque du corbeau
Et le cyprès s'égaie à la rose trémière.

Vous reverrez un jour au ciel les morts aimés;
Pour nous seuls les vivants, les tombeaux sont fermés:
Ils s'ouvrent dans le ciel où l'âme s'expatrie.

Et quand la mort viendra nous montrer le chemin,
Nous les retrouverons qui nous tendront la main
Les chers morts, qui, là-haut, nous font une patrie.

— Pauvre Charlotte, dit Jeanne en baisant le portrait de son amie. Oui nous nous retrouverons, oui les morts aimés nous font au ciel une autre patrie.

Et songeant à la fin tragique de la princesse :

— Voilà donc où mène l'amour! Elle se fût bien moquée si on lui avait prédit une mort si poétique.

Jeanne regretta de n'avoir pas été du voyage.

— Et moi, murmura-t-elle, comment finirai-je?

LIVRE XXVIII

LE DERNIER ACTE DU DRAME.

I.

IL Y A PROMESSE DE MARIAGE.

MADEMOISELLE d'Armaillac souffrait cruellement d'avoir été jetée par sa passion hors de son chemin ; son idéal n'était certes pas dans ces curiosités maladives que la princesse avivait en elle. Cœur troublé ! esprit troublé !

Son idéal eût été la dignité héraldique qui supporte vaillamment toutes les misères de ce monde, qui s'appuie sur la fierté de race, qui se réfugie en Dieu à la première larme. Que nous font les biens périssables quand nous gardons l'âme haute? Que nous font les vanités humaines quand nous gardons l'orgueil divin? Jeanne en voulait secrètement à sa mère de l'avoir jetée, sans la préserver, dans ce monde des fêtes où on ne se laisse prendre qu'à la beauté visible, où tout est sacrifié à la robe, où l'éloquence du cœur est méconnue, où l'argent a toujours le dernier mot.

Pourquoi n'avait-elle pas vécu d'une vie oubliée et religieuse? Elle enviait ces héroïnes de roman qui, dans quelque vieux château, se tournent vers le passé, qui abdiquent leur royauté de femme, qui évoquent les images des aïeux pour se consoler de leur pauvreté et de leur abandon. Celles-là font, pour la fierté de leur nom, le sacrifice de leur beauté et de leur jeunesse; elles ont horreur des mésalliances; elles étouffent leurs passions; elles s'enveloppent toutes blanches de la blancheur du linceul.

Mais Jeanne finissait par se dire qu'elle n'aurait jamais eu raison de son âme de feu. Elle se consolait en pensant que c'était Dieu lui-même qui l'avait condamnée à porter l'enfer en elle. Elle appelait la haine à son secours pour se défendre du souvenir de Martial, mais c'était toujours l'amour sous le masque de la haine. Qu'est-ce autre chose que l'amour déguisé, la haine dans la passion?

Mlle d'Armaillac, qui avait été très-courtisée à

la cour de la princesse, ne pouvait s'expliquer cette obstination de son cœur à souffrir mille morts pour M. de Briançon quand sa raison se révoltait. C'est que si on était maître de sa passion on n'aurait pas de passion. La passion est d'essence toute divine.

On sait déjà que parmi les amis de la princesse le marquis de Cormeilles était un des amoureux de Jeanne. On pouvait croire que c'était un de ces mille caprices qui aiguillonnent le cœur pendant un jour, parce que M. de Cormeilles riait lui-même tout le premier de sa passion. Mais, au bout de quelque temps, il ne riait plus du tout ; c'est que Mlle d'Armaillac n'était pas de celles que l'on aime en passant : elle troublait les plus rebelles par sa beauté souveraine et par ses yeux profonds.

Quoiqu'elle vit bien que M. de Cormeilles était pris, elle ne fut pas peu étonnée quand il vint un jour, sans l'avoir avertie, demander sa main à Mme d'Armaillac.

— Ce n'est pas de jeu, lui dit-elle, vous prenez les gens en traître.

— C'est parce que je voulais parler avant qu'on me fermât la porte.

C'était quelques jours après la mort de la princesse ; si elle eût été vivante encore, peut-être que Jeanne eût refusé ce prétendant ; mais elle se trouvait pour ainsi dire dépareillée. Elle n'avait plus les voitures de la princesse pour aller au bois, ni sa loge pour aller à l'Opéra, ni son bras pour aller dans le monde. Le marquis de Cormeilles allait lui rendre tout cela. Il ne serait pas amusant comme la princesse, mais enfin, pour un mari, il ne faisait pas mauvaise figure. On disait qu'il avait mangé la moitié de sa fortune avec ces demoiselles, entre autres Mlle Forte en Gueule, une servante de Molière sans théâtre. Mais enfin ce qui restait était encore une jolie demi-fortune.

Pour Jeanne, les Cormeilles ne valaient pas les d'Armaillac, mais elle serait marquise tout en gardant toujours ses armes.

A la troisième visite de M. de Cormeilles, on décida que le mariage aurait lieu à la Madeleine, à six semaines de là.

Et Martial! Jeanne n'osait descendre dans son cœur, elle ne doutait pas qu'une fois mariée le sentiment du devoir ne lui donnât la force de vaincre ce souvenir.

II.

OU LE DIABLE FAIT DES PRÉDICTIONS.

Rien ne m'amusait comme de donner tort au diable, mais tout diable qu'il fût, il n'avait pas toujours la fatuité du mal. Par exemple, en jetant un regard sur le passé pour évoquer les images que nous avons vues dans cette histoire, je lui rappelai cette adorable innocente Clotilde-Lilas-blanc, qui, tout amoureuse qu'elle fût d'Eugène d'Aure, avait résisté à toutes ses irrésistibles séductions.

— N'est-ce pas la vertu même? dis-je au diable.

— Oui, me répondit-il, c'est la vertu même, mais quelle serait donc ma raison d'être si la vertu n'existait pas ? Il y a des imbéciles, qui, pour jouer au scepticisme, déclarent qu'ils ne l'ont jamais rencontrée, mais moi, tout diable que je suis, je la salue et je la consacre.

— Grand bien lui fasse ! mon cher diable. Puisque vous persistez à vous croire le diable, jouons cartes sur table, montrez-moi vos papiers ; il y a bien assez longtemps que je vous crois sur parole.

— Voyons, vous allez tomber dans la bêtise des athées qui ne croient ni à Dieu ni au diable.

— Oh ! je crois à Dieu et au diable, puisque je crois au bien et au mal. Mais j'ai mes idées là-dessus.

— Chut, vous pourriez faire une profession de foi. Écoutez-moi, je ne fais jamais de discours. Si vous croyez au diable, vous croyez à sa puissance. Or, par la raison que le fils de Dieu s'est promené sur la terre, pourquoi les fils du diable n'y viendraient-ils pas faire un tour pour réconforter les pécheurs ! S'il y a eu un miracle, il y a encore des miracles. Croyez-vous donc qu'il me soit plus difficile d'être fils du diable que d'être fils de mes œuvres ! de dépenser l'argent de l'enfer que de dépenser l'argent de ma fortune ?

— Je ne vous trouve pas un diable assez éblouissant ; Mlle d'Armaillac m'a affirmé que le jour où elle avait jeté vos perles, vous vous étiez agenouillé pour les ramasser.

— Vous ne comprenez donc pas que sur la terre, je suis soumis aux lois de la terre. Ma lettre de crédit n'est pas inépuisable, elle me donne le droit d'avoir, sept ou huit fois par jour, vingt-cinq louis dans ma poche, comme il convient à un Parisien qui ne doit pas liarder; or, quand je n'aurai plus le sou, il me faudra retourner en enfer.

— Ne me dites donc pas de ces billevesées. Je vous connais mieux que vous-même. Vous êtes un gentilhomme espagnol enrichi à Cuba. Vous trouvez drôle de jouer ici le rôle du diable, il y a des femmes qui s'y laissent prendre, mais je n'ai jamais été votre dupe.

— Cela m'est bien égal, je ne vous ai jamais demandé d'avoir foi en moi. Vous m'avez trouvé bon compagnon, vous n'avez pas été fâché de voir par mes yeux. Faites l'esprit fort !

— Eh bien ! puisque vous persistez à avoir la seconde vue des esprits supernaturels, faites-moi donc le plaisir de me dire ce que deviendra Clotilde-Lilas-blanc, car sa vertu est douce à mon cœur comme un bouquet d'avril.

— Ne l'avez-vous pas deviné? Eugène d'Aure l'épousera, après avoir juré ses grands dieux qu'il ne se mariera jamais. Je tiens celui-là pour sacrilége, c'est toujours cela.

— Et que deviendront ces quatre jeunes filles qui prirent le thé avec vous et Jeanne d'Armaillac?

— Oh! celles-là se marieront aussi, mais elles seront toutes plus ou moins possédées du diable.

— Et comment Mlle Rose la Rosa sera-t-elle punie pour avoir voulu détrousser une morte?

— Elle sera jetée dans la fosse commune avec sa dernière chemise de nuit, après avoir passé par l'hôpital La Riboissière.

— Et cette jolie Marguerite, à peine effeuillée, trouvée un soir sur le boulevard par Robert Halmiton?

— Oh! celle-là n'est qu'au commencement de ses aventures. Je vous conterai un autre jour son histoire. Rassurez-vous, elle n'aura pas la nostalgie du chiffon. Robert Hamilton avait rouvé une perle sur du fumier.

— Et Mlle Fleur du Mal?

— Qui sait! elle sera peut-être sauvée par ses enfants, car elle a mis hier au monde une fille.

— Eh bien! si décidément vous êtes le diable, faites-moi une grâce, c'est de ne jamais tenter cette enfant.

— Je vous le promets.

— Promesse de diable! Enfin je vous prends au mot.

— Oui, ce sera « un Ange sur la terre. »

— Abominable raillerie! car vous me rappelez la plus odieuse créature qui soit sous le ciel. Et celle-là, que deviendra-t-elle?

— Voyez-la à l'œuvre.

III.

L'ORANGE GLACÉE.

Autrefois, au théâtre, les oranges ne coûtaient que cinq sous : naturellement on a inventé des oranges qui coûtent cinq francs ; ce sont les bienfaits de la civilisation.

Les oranges glacées, c'est l'entr'acte par excellence.

Un soir que Mlle d'Armaillac était avec sa mère à l'Opéra, l'ouvreuse ouvrit la loge pour laisser passer tout à la fois un bouquet et deux oranges glacées. Le valet de pied qui apportait cela remit en même temps la carte du marquis de Cormeilles. Le bouquet était splendide, les glaces arrivaient à point. Mlle d'Armaillac n'avait aucune raison pour refuser cette double galanterie. Elle en fut d'autant plus heureuse que ce soir-là elle s'ennuyait quelque peu, comptant sur des visites et ne voyant personne. Il n'y a pas de bons spectacles pour une femme si elle n'est surprise dans sa loge par quelque causeur inattendu. Jeanne respira donc le bouquet avec un vif plaisir. Après quoi elle se mit à attaquer l'orange avec une petite cuiller à forme arrondie dans le style Louis XV. Mme d'Armaillac, pour tout rafraîchissement, se contenta de respirer le bouquet.

Quand le quatrième acte commença, Jeanne se plaignit d'un trouble subit. Il lui était arrivé deux ou trois fois avec la princesse de boire du vin de Champagne jusqu'à la griserie, aussi son premier mot à sa mère fut-il celui-ci :

— Il me semble que je suis ivre.

Elle avait beau ouvrir les yeux, elle ne voyait que nuages et rayons. Elle se retira dans le fond de la loge pour n'être plus en spectacle, craignant qu'on ne s'aperçût de ce malaise.

Mais dans le fond de la loge, sa mère la vit tomber presque évanouie. Elle alla à elle et la souleva dans ses bras, ne sachant que faire. Jeanne choisissait bien mal son temps pour s'évanouir pendant le quatrième acte des *Hugue-*

nots : les journaux en parleraient le lendemain. Heureusement le marquis de Cormeilles entra à ce moment dans la loge.

— Soyez notre Providence, lui dit Mme d'Armaillac. Voilà ma fille qui se trouve mal; je ne sais pas pourquoi; c'est peut-être parce qu'elle a mangé votre orange glacée.

— Mon orange glacée! murmura le marquis, je ne sais pas ce que cela veut dire.

— Ce n'est pas vous qui avez envoyé un bouquet et deux oranges glacées?

— Pas le moins du monde.

— Ce n'est pas vous? Oh mon Dieu! il me vient une horrible idée : on nous a envoyé des oranges empoisonnées.

— Chut! dit M. de Cormeilles en soulevant à son tour Mlle d'Armaillac dans ses bras, prenez courage, ne vous inquiétez pas, ne perdez pas la tête, si Mlle d'Armaillac est empoisonnée nous la sauverons.

La porte de la loge était restée entr'ouverte. Le marquis jugea qu'il fallait emporter Jeanne dans le couloir et appeler le médecin de l'Opéra. Mais comme elle était revenue un peu à elle, elle demanda qu'on la reconduisît chez sa mère.

M. de Cormeilles avait gardé sa voiture. Deux minutes après, pendant qu'on faisait respirer des sels à Jeanne, son groom vint avertir que la voiture attendait.

C'était un petit coupé. La mère et la fille y montèrent, le marquis les accompagna dans un fiacre. Il fut forcé de porter Mlle d'Armaillac dans sa chambre où survint bientôt un pharmacien. Comme il n'y avait pas là de lait, on força Jeanne d'avaler du vinaigre et du café.

Il fut reconnu qu'elle avait été empoisonnée, mais heureusement le poison avait perdu de sa vertu dans l'orange glacée.

— Je suis bien sûre, dit-elle, que cette abominable créature qui s'appelle un « Ange sur la terre » est sortie de Saint-Lazare.

— Oui, dit M. de Cormeilles. Vous ne l'avez pas vue? elle est ce soir à l'Opéra avec le diable et son train.

— C'est donc un duel sans merci, reprit Jeanne. Je voulais n'y plus penser, me voilà forcée encore de prendre ma revanche.

— Votre revanche! ç'a été votre folie de daigner répondre une fois aux provocations de cette femme. Ce sont là des créatures avec qui il n'y a pas de duel possible; on les fait battre par son valet.

— Oh! oui, vous dites ça, vous autres, ce qui ne vous empêche pas d'être aux pieds desdites créatures.

— Pas moi, Dieu merci! Mais ne craignez plus rien de cette drôlesse; un de nos amis vient de la cloitrer boulevard Maillot pour la saison. Le malheureux est jaloux! Si elle s'avise de rompre son ban, je la ferai réintégrer à Saint-Lazare.

— Cette femme a des inventions diaboliques, dit Mme d'Armaillac. Elle se croit en plein moyen âge. Elle a sans doute retrouvé le poison des Médicis.

— Oh non! dit Jeanne, car je ne serais pas vivante à cette heure. Dieu ne punit donc jamais ces drôlesses-là?

Je ne sais pas si Dieu entendit Mlle d'Armaillac, mais la punition ne se fit pas longtemps attendre.

IV.

LE CHATIMENT.

Un Ange sur la terre, désespérée de ne pas avoir ses entrées dans le meilleur monde, enviait les grandes cantatrices qui sont reçues partout et les grandes comédiennes qui ne sont pas trop mal reçues çà et là dans les salons peu ou point collets montés; mais un Ange sur la terre n'était, quoique musicienne, ni une grande cantatrice, ni pas une grande comédienne de théâtre, quoique comédienne dans la vie. Elle pensa à peindre pour faire quelque bruit à la prochaine exposition; elle avait dessinaillé des aquarelles avec un vif sentiment de la couleur; Eugène Lamy et Charles Chaplin lui avaient donné les premières leçons; elle rencontra un jeune peintre qui lui mit en main une vraie palette et de vrais pinceaux. Elle avait loué un petit hôtel, boulevard Maillot, où elle cultivait les roses. Le jeune peintre se planta un matin devant un parterre de roses-thé, en lui disant :

— Dieu dit que la lumière soit et la lumière fut.

Elle comprit et peignit des roses tout à la fois baignées de rosée et de rayons. C'était éblouissant.

Le lendemain, le jeune peintre battit des mains et lui dit de continuer. Au bout de quelques semaines, elle peignit des roses comme Mme Lemaire, comme la duchesse *** et comme Mme Musard.

C'était une féerie, c'était un miracle; elle était d'autant plus ravie de s'être donné un talent que tous ses amoureux lui achetaient ses bouquets, si bien qu'il y avait chez elle une boutique d'amour et une boutique de fleurs.

« Un Ange sur la terre » avait traversé toutes les péripéties sans permettre à la douleur de faire un pli de rose sur sa figure. Le malheur des autres n'avait jamais attristé son cœur.

Comme elle n'aimait qu'elle-même, pourvu qu'elle fût aimée d'elle-même, elle était contente. Ce qu'elle voulait des hommes, c'était leur argent. Elle voulait bien aussi leur amour, mais à la condition que l'amour n'entrât point en compte. Elle haïssait bien ses rivales, mais elle n'aimait point ses amies, même quand elles lui confessaient leurs peines.

Depuis la mort de son mari, elle avait eu beaucoup d'amants parce qu'elle avait dépensé beaucoup d'argent. Quoiqu'elle fût belle et jolie, elle n'avait jamais mis la main sur la folie d'un homme, je veux dire que jamais un homme riche ne s'était avisé de la faire riche elle-même comme il arrive à tant d'autres courtisanes qui ne sont pas belles.

D'ailleurs, elle n'était pas « femme à s'embêter », selon son expression ; il fallait que tout le monde fût esclave de sa douceur. Ses prières étaient des ordres, il lui était impossible de se soumettre aux fantaisies d'un maître. Elle prenait un amant, mais elle ne voulait pas que ce fût l'amant qui la prît ; elle trouvait qu'elle avait été l'ange de la patience avec son mari. Ç'avait été un homme heureux si on le compare à ses amants. Vous pouvez juger par là du bonheur qu'elle donnait aux hommes.

Le pauvre commandant était vengé dans le tombeau.

Quoique « un Ange sur la terre » ne fût pas riche, elle trouvait toujours ses six à sept mille francs par mois pour nourrir ses chevaux et payer ses robes; ses flatteurs payaient le reste. Depuis deux ans, elle avait de si doux sourires pour son propriétaire, un marchand de charbon qui la prenait pour une femme du monde, qu'elle lui arrachait tous les trois mois la quittance du terme tout en lui disant qu'il devait être fier de loger une femme comme elle. Ce beau train de vie menaçait de durer toujours.

Mais voilà qu'un matin, à son réveil, Marie Leblanc vit des milliers d'étincelles.

Elle attendait le jeune peintre pour faire son portrait.

— Je ne vois que des roses de feu, dit-elle, je ne vais pas pouvoir poser.

Elle prit sa petite glace qui veillait toujours sous son oreiller comme la sentinelle de sa beauté. Elle vit qu'elle ne se vit point.

Ce fut horrible, ce réveil. Elle sauta en bas de

LE CHATIMENT.

son lit, elle sonna, elle courut à sa fenêtre, elle souleva le rideau, elle se tourna vers sa psyché, mais elle eut beau regarder, elle vit à peine un nuage blanc et roux qui était le vague reflet de sa chemise de batiste et de sa chevelure dorée par la magie des eaux féeriques.

La femme de chambre venait d'entrer.

— Virginie, lui cria-t-elle, dites-moi donc ce que j'ai; j'ai beau regarder, je ne vois que trente-six chandelles.

— Madame a peut-être bu trop de vin de Champagne cette nuit.

— Vous êtes folle, j'ai à peine soupé et je n'ai pas bu du tout; j'ai mangé trois ou quatre grappes de raisin, voilà mon orgie.

— Il n'y a rien dans les yeux de madame.

— Mais c'est horrible de ne pas voir clair.

— Je vais aller chercher l'eau de rose.

— Dites à la cuisinière de courir chez mon médecin.

Toute la maison fut en révolution. La courtisane criait et se désespérait; elle se tenait toujours debout devant la psyché, voulant se voir et éclatant en imprécations.

A cet instant le peintre entra comme dans son atelier.

— Eh bien! nous allons vous croquer. Êtes-vous assez jolie en pantoufles!

Marie Leblanc ne songeait même pas à ses nudités.

— Ah! mon cher ami, je suis désespérée.

— Pourquoi donc?

— Je deviens aveugle!

— Allons donc, on ne perd pas de si beaux yeux.

Virginie revint avec l'eau de rose et baigna les yeux de sa maîtresse.

— Je n'y vois pas! dit « un Ange sur la terre » en frappant du pied. Est-ce que c'est encore une vengeance de Mlle d'Armaillac?

Mais elle eut beau chercher dans ses souvenirs! Il y avait longtemps qu'elle n'avait vu Jeanne, comment la jeune fille aurait-elle pu l'atteindre?

Elle ordonna à Virginie de lui donner le mouchoir qui était dans sa robe.

— Est-ce bien mon mouchoir? lui demanda-t-elle.

— Oui, madame; voyez plutôt.

« Un Ange sur la terre » respira le mouchoir pour le reconnaître au parfum.

— Oh mon Dieu! mon Dieu! que je suis malheureuse! qu'ai-je donc fait au ciel pour être ainsi frappée?

Elle tendit la main au peintre.

— Adieu, mon cher ami. A quoi bon me peindre si je ne puis voir mon portrait?

Quand son médecin vint, elle était couchée, se baignant toujours les yeux.

— C'est fort grave, lui dit l'homme noir. La prunelle est injectée de sang. Est-ce que vous vous êtes mise en colère?

— Vous savez bien, docteur, que cela m'arrive quatre fois par jour.

— Oui, je sais que les femmes douces sont les plus violentes; en outre, je suis sûr que vous continuez à passer les nuits et « à aimer l'amour. »

Naturellement le médecin dit qu'il fallait commencer par une consultation; c'est à peine s'il laissa un peu d'espérance en s'en allant; c'était, d'ailleurs, un médecin tant pis.

Dès qu'il fut sorti, « un Ange sur la terre » s'agenouilla sur son lit, croisa les mains et leva les yeux. Elle prit avec onction l'attitude d'une repentie.

— Oh mon Dieu! mon Dieu! dit-elle tristement, n'est-ce pas, que vous ne me condamnerez pas à ne plus me voir?

Ne plus se voir, c'était là le châtiment le plus horrible que Dieu pût infliger à cette femme qui vivait de sa beauté et qui s'adorait comme une dévote aime une madone. Ne plus se voir! toutes les coquettes comprendront ce tragique dénoûment!

V.

LES INSÉPARABLES.

EPENDANT Mlle Aubépine avait beau courir toutes les aventures, elle était toujours sous le charme de M. de Briançon. Il y avait deux raisons pour cela — s'il y a des raisons dans l'amour. — C'est que M. de Briançon avait été son premier amant, c'est que M. de Briançon l'avait quittée! Une femme oublie toujours un homme qu'elle quitte, mais elle est toujours un peu enchaînée à l'homme qui la quitte parce qu'elle veut prendre sa revanche. Il y a encore une autre chaîne mystérieuse, c'est celle du premier amour; on la brise souvent, mais il faut moins que rien pour la renouer au cœur de la femme quand elle a donné la virginité du cœur.

Aubépine avait donc le vif désir de reprendre Martial.

Martial n'était pas rebelle à la première venue, à plus forte raison quand c'était une très-jolie fille comme Aubépine.

Il avait fait à la princesse circassienne le sacrifice de sa maîtresse, il fit à sa maîtresse le sacrifice de la princesse circassienne. Si bien qu'un beau jour on vit encore Martial et Aubépine dans les avant-scènes des petits théâtres. Et ils semblaient plus amoureux que jamais.

« Ah! que je suis heureuse, » se disait Aubépine en savourant toutes les joies de l'amour.

Non-seulement elle était heureuse par le cœur mais aussi par l'orgueil; triompher d'une princesse impérieuse qui avait l'air de dominer tout l'univers, c'était une victoire.

Aubépine arrangea sa vie comme si elle devait vivre cent ans avec Martial.

Elle se nicha dans un petit hôtel de Beaujon, caché sous les arbres, où elle se promit de vivre bien sage dans le demi-luxe d'une femme à la mode. Elle n'avait guère d'argent. Martial lui en donnait peu, mais elle était revenue de Monaco avec des diamants qui lui permettraient de vivre quelques années si elle les voulait vendre; ce qu'elle résolut bientôt de faire.

Martial passait la moitié de son temps avec elle; ils ne s'ennuyaient jamais ensemble. Martial savait tout sans avoir rien appris, comme il le disait. Aubépine, qui était spirituelle, devinait tout si bien que leur causerie était toujours variée, imprévue et charmante. Il y a des amoureux qui ne trouvent pas un mot à dire, il y en a qui n'ont jamais fini d'égrener le chapelet.

Quand on ne sortait pas le soir et que l'on ne dinait pas en tête-à-tête, on avait deux ou trois amis, des gens du monde, des artistes, des hommes de lettres. Aubépine répandait au milieu d'eux le doux et vif parfum de sa jeunesse; c'était comme un bouquet idéal qu'elle mettait à la boutonnière de chaque convive.

Tout le monde l'aimait pour sa beauté, pour son espièglerie et pour sa malice. Elle aimait si sérieusement Martial qu'on ne lui faisait la cour que par acquit de conscience. On ne manquait pas de dire en s'en allant : « Est-il heureux ce Martial, il est aimé de toutes les femmes sans rien faire pour cela. »

Aubépine avait donc mis de l'espérance plein

son cœur, des fleurs plein son jardinet, de la joie plein sa maison, quand elle fut frappée d'un désespoir mortel. On a dit que le château du bonheur s'écroulait lorsqu'on y mettait le pied; la pauvre enfant avait eu le temps de franchir le seuil, mais ce n'était que le commencement d'un rêve.

Il ne se passe rien de terrible en ce monde que l'on n'en soit averti par les pressentiments ou par les symboles visibles. On arrivera peut-être un jour à mieux pénétrer le mystère des choses. Voilà ce qui s'était passé sous les yeux d'Aubépine.

Son amant lui avait apporté un matin deux inséparables, ces oiseaux du soleil, si allègres dans leur robe verte, si vifs dans leur amour, si sveltes dans leurs jeux, si passionnés dans leurs duos! C'était un gai tableau de les voir, comme c'était une douce chanson de les entendre. Aubépine les adorait; c'était elle qui leur versait à boire et qui leur donnait le millet; le mâle la baisait sur les lèvres, la femelle penchait la tête pour qu'elle la baisât; c'était charmant pour Aubépine comme pour les inséparables.

Mais voilà qu'un jour, vers midi, l'enfant de la

femme de chambre ouvre la cage, et effarouche les oiseaux ; le mâle s'enfuit et s'envole par la fenêtre. Grand désespoir d'Aubépine, plus grand encore celui de la femelle. On bat tout le quartier Beaujon pour retrouver l'oiseau perdu, mais la journée se passe en vaines recherches. La femelle pleure toutes les larmes de sa voix. Sur le soir, elle descendit de son bâton et se coucha dans un coin de la cage, tête baissée comme si elle eût horreur de la lumière. Aubépine, inquiète, la prit dans sa main, la caressa et lui parla pour la consoler, mais la pauvre petite bête ne voulut rien entendre. Aubépine la remit inutilement sur son bâton, car elle se précipita encore dans le coin de la cage. A neuf heures du soir, elle était morte.

C'est que les inséparables ne vivent pas une demi-journée l'un sans l'autre ; le mâle se console quelquefois, mais la femelle jamais.

Le lendemain le mâle vint frapper à la fenêtre, une voisine l'avait volé ; il avait fait des miracles pour s'échapper. On ne lui montra pas la femelle morte, on lui en donna une autre, il se résigna à vivre, mais ce ne fut plus la même chanson.

— Tu vois, dit tristement Aubépine à Martial,

un jour tu t'envoleras comme cet oiseau, je mourrai de chagrin, tu reviendras, mais il sera trop tard!

Pendant qu'elle disait ceci, Martial jouait d'un doigt au piano :

> Plaisir d'amour ne dure qu'un moment,
> Chagrin d'amour dure toute la vie.

Il se leva et embrassa Aubépine en lui disant :
— J'aime trop la beauté pour ne pas t'aimer toujours.

VI.

LES MASQUES ET LES CŒURS.

On donna un bal masqué dans un château du voisinage de Paris où se retrouva tout le *High-life* des fêtes de l'hiver; Mme de Tramont y entraîna Mlle d'Armaillac. Elles se jurèrent qu'on ne les reconnaîtrait pas; elles avaient toutes les deux d'adorables dominos blancs garnis de cygne.

Mme de Tramont n'était pas si grande que Mlle d'Armaillac, mais elle s'était mise à sa taille ce jour-là par de très-hauts talons. Elles se donnèrent comme deux sœurs égarées dans le beau monde. Elles jouèrent si bien leur jeu qu'on ne les reconnut pas, d'autant mieux que Mme de Tramont avait dit qu'elle ne voulait pas se masquer.

Mlle d'Armaillac, qui ne comptait pas s'amuser, s'amusa beaucoup ; ce ne fut pas parce qu'elle y trouva le marquis de Satanas ni tous ses amoureux d'occasion qui lui prenaient son temps sans lui prendre son cœur, ce fut parce qu'elle y trouva le comte de Briançon.

Comme elle devait passer, avec Mme de Tramont, une saison à Brighton, elle s'était remise à l'anglais et n'attrapait pas trop mal l'accent d'outre-Manche, si bien qu'il fut dépaysé quand elle lui parla. Il ne savait pas un mot d'anglais.

Elle persista à ne pas prononcer un mot de français. Et pourtant ils arrivèrent bien vite à s'entendre ; Mme de Tramont, qui écoutait aux portes, fut émerveillée de ce grand art d'embrouiller les choses les plus simples.

Mlle d'Armaillac avait souvent rencontré M. de Briançon dans le monde, mais on sait qu'elle ne lui parlait plus. Les regards étaient plus ou moins éloquents ; elle exprimait la fierté blessée, lui exprimant le repentir douloureux. Pour ceux qui savent étudier la passion, il y avait tout un mystère dans l'éclair rapide de leurs regards ; deux épées qui se croisaient; pour ceux qui passent sans rien voir, il y avait un homme et une femme qui ne se connaissaient pas.

Ce jour-là, dans ce château du XVII° siècle où l'on avait soupé et dansé pendant toutes les folies de la Régence et de Louis XV; dans ce parc encore tout peuplé de nymphes de Coysevox et de Coustou qui semblent attristées depuis qu'elles ne voient plus que des habits noirs, Jeanne se promena partout avec Martial, perdant et retrouvant son amie, écoutant les divagations de ce beau prometteur de chimères qu'elle avait trop écouté, mais qu'elle aurait toujours voulu entendre. Elle le retrouvait comme la première fois qu'il avait valsé avec elle. C'était le même vocabulaire, la même douceur de voix, le même art de brouiller le bien et le mal dans une symphonie amoureuse. Mlle d'Armaillac avait beau s'en défendre, elle s'abandonnait avec une joie renouvelée à toutes les séductions de ce preneur de femmes.

— Quand je pense, dit-elle, qu'il ne me reconnaît pas et qu'il me parle aussi doucement qu'il me parlait il y a un an. Toutes les femmes sont donc la même pour lui!

Mlle d'Armaillac se trompait; M. de Briançon l'avait reconnue et il avait trop d'esprit pour le lui dire; elle l'eût arrêté au premier mot et l'eût envoyé à d'autres, tandis qu'en faisant semblant de ne la point reconnaître, il avait le droit d'être le plus passionné de ses adorateurs. Elle s'avouait que de tous les hommes qu'elle avait rencontrés dans le monde, c'était le seul qui parlât bien des choses du cœur, non pas qu'il professât sur ce thème, mais parce qu'il avait l'éloquence imprévue qui emporte.

Il n'était pas sentimental, mais il avait les vives expressions du sentiment. On sentait que celui-là avait aimé et pouvait aimer de toutes les forces de son âme. Il y avait bien une pointe de raillerie dans ses enthousiasmes, mais c'était le grain de sel dans le ragoût du cœur, pour parler comme les précieuses de Molière qui ne parlaient pas toujours si mal que cela, ces belles de l'hôtel de Rambouillet.

Mlle d'Armaillac hasarda de rouvrir le passé.

— Dites-moi, monsieur l'homme à bonnes fortunes, vous qui faites de si belles protestations d'amour, vous avez donc oublié toutes vos victimes? Mlle Fleur de Pêche qui s'en est consolée,

Mlle Marguerite Aumont qui en est morte, deux ou trois femmes du monde qui ont fini par la séparation de corps? Qui encore? On m'a parlé d'une jeune fille de la plus haute aristocratie dont on ne m'a pas dit le nom : celle-là s'est, dit-on, aventurée chez vous une nuit en revenant du bal.

— Ce sont des reportages de femmes du monde. Je sais de qui vous voulez parler : une noble fille, une grande beauté, au cœur comme on n'en fait plus. Puisque vous ne savez pas son nom, je puis vous dire que celle-là, celle-là seule, je l'ai aimée jusqu'à en mourir; je ne suis même pas bien sûr de ne pas l'aimer encore; mais n'en parlons pas, je n'ai plus le droit de l'aimer!

— Elle est donc mariée!

— C'est bien pis, elle ne me connaît plus, donc c'est une étrangère pour moi.

Jeanne remarqua l'émotion de Martial.

— Et voilà pourquoi vous me faites la cour aujourd'hui!

— Que voulez-vous, une femme n'a pas le droit d'être jalouse du passé, parce que tout amour est un renouveau : le cœur a ses saisons comme la nature.

— Oui, vous voudriez bien que je vous fasse un printemps après l'hiver.

— Oui, qui que vous soyez, je vous sens belle pour mes yeux, vous me charmez à travers votre masque. Aimez-moi une heure, un jour, un siècle, je vous jure, sur mon âme, que je ne vous quitterai plus d'un pas et que je mourrai à vos pieds.

Mlle d'Armaillac était assise sur un banc du parc. Martial, à genoux devant elle, lui dit plus doucement que jamais en lui prenant les mains :

— Ah! comme je t'aime!

Elle détourna la tête pour cacher ses larmes, mais elle avait vu que Martial lui-même avait les yeux humides.

— Pourquoi? se demanda-t-elle.

Et se retournant vers lui :

— Est-ce que je vous rappelle un amour perdu?

— Ah! de grâce, ne parlons pas du passé! Aimons-nous pour aujourd'hui et pour demain, et non pour hier.

La nuit était venue, la lune se montrait douce et blanche à travers les arbres à peine feuillus;

de légers nuages passaient sur les étoiles, le vent d'est secouait l'avenue des parterres et des arbustes; c'était la saison des derniers lilas et des premières roses; la nature tout en fête savourait ces belles heures d'amour; les rossignols alternaient avec les merles, les rossignols beaucoup plus savants dans leur symphonie perpétuelle, les merles beaucoup plus éloquents dans leur simplicité rustique. On entendait surtout l'orchestre qui appelait les valseurs et les danseurs, on entendait aussi les cris de gaieté et les appels des chercheurs. Quoiqu'il y eût là cinq cents Parisiens, Mlle d'Armaillac se sentait seule, seule avec Martial, elle savourait une de ces heures amoureuses qui avaient enchanté sa vingtième année. Était-il possible que ce fût lui, là, à ses pieds! était-il possible que ce fût elle qui abandonnât ses mains avec tant de joie!

Un instant elle pensa à lui dire : « C'est moi, reprenez-moi, je vous sacrifie ma fierté, comme je vous ai sacrifié ma vertu. »

Mais elle ne voulut pas s'humilier jusque-là. Elle se leva, Martial se leva en même temps, il la prit sur son cœur et il l'embrassa sur les cheveux, à travers sa mantille, mais elle le repoussa

violemment parce qu'elle eut peur d'elle-même :
une étreinte de plus, elle était perdue, tant elle
subissait le charme malgré elle.

Le souvenir du marquis de Cormeilles lui revint à propos :

— Oh! mon Dieu, dit-elle, ce Martial me fait
tout oublier. Mais je veux me souvenir que j'ai
juré de l'oublier.

. . . .

A quelques jours de là, Mlle d'Armaillac était
à Sainte-Clotilde, au mariage d'une de ses
amies du Dauphiné, Mlle d'Auray, qu'elle n'avait
pas vue depuis longtemps; c'était un mariage du
high-life, l'église aristocratique était toute
pleine, on aurait pu feuilleter là tout un livre
héraldique.

Jeanne était arrivée après le commencement
de la messe; elle ne trouva à se placer dans la
nef que parce qu'un homme se leva en la voyant.

Cet homme, c'était Martial de Briançon.

Elle fit semblant de ne pas le reconnaître pour
prendre sa chaise. Il se trouva qu'un autre
homme s'était levé aussi pour elle; comme celui-
là ne demandait qu'à s'en aller après avoir fait

acte de présence, Martial reprit sa place au même rang.

On causait beaucoup dans le voisinage, chacun pour soi, Dieu pour la mariée.

Je ne sais pas si on a peur de faire des épousés trop heureux, mais je n'ai jamais vu qu'on s'occupât de prier Dieu aux messes de mariage; ce jour-là l'église est un salon où l'on apporte des nouvelles et où l'on discute des modes par la critique des robes et des chapeaux qui sont de la fête.

— N'est-ce pas, dit tout à coup Martial à Jeanne, que voilà une belle première représentation? Tout Paris est là et la salle est pleine.

Mlle d'Armaillac voulait ne pas répondre, mais elle ne put s'empêcher de dire à M. de Briançon :

— Je vous reconnais bien là, voilà comment vous comprenez le mariage.

— N'allez pas vous méprendre ! si pour moi le mariage est une cérémonie, c'est aussi une fête !

Et après un silence :

— Du moins c'eût été une fête si vous aviez voulu.

— Ne rouvrons pas les blessures du passé, dit Jeanne, en regardant son livre de messe.

— Que voulez-vous ? je ne vis que dans le passé et je ne suis heureux que dans mes blessures.

— Eh bien ! moi, j'en suis si malheureuse que je ne vis que dans l'avenir, c'est-à-dire en Dieu.

Et Mlle d'Armaillac murmura en lisant :

« Heureux tous ceux qui craignent le Sei-
« gneur et qui se conduisent selon sa loi. »

— Vous vous figurez peut-être, reprit Martial, que je ne comprends rien à cette grande poésie de l'Église. La messe de mariage, qu'est-ce autre chose que le Cantique des cantiques ?

— Je ne comprends pas.

Martial indiqua du doigt ce verset :

« Votre femme sera dans le secret de votre
« maison comme une vigne fertile. Vos enfants
« seront autour de vous comme de jeunes plants
« d'oliviers. — Alléluia ! — Alléluia ! »

— Oui, mais tout le monde n'a pas le droit de chanter *Alléluia*.

On était à l'Épître :

« Que les femmes soient soumises à leur mari
« comme au Seigneur, parce que le mari est le

« chef de la femme, comme Jésus-Christ est le
« chef de l'Église. »

Ainsi traduisait Martial, mais Mlle d'Armaillac lui dit :

— Il n'y a qu'une Église et vous avez plusieurs femmes.

— J'avais plusieurs femmes, c'est qu'en ce temps-là j'étais hors de l'Église.

— Et vous êtes rentré dans l'Église !

— Oui, car j'ai compris ce que dit là-bas le diacre : — « Celui qui aime sa femme s'aime soi-
« même, car Adam l'a dit : — Voilà l'os de mes
« os et la chair de ma chair. » Ce qui n'a pas empêché Ève d'écouter le respect.

— Oui, oui, dit Jeanne, selon vous c'est toujours la femme qui a tort.

Le diacre continuait :

« C'est pourquoi l'homme abandonne son
« père et sa mère pour s'attacher à sa femme, et
« de deux qu'ils étaient ils deviennent une même
« chair. »

— Et moi, murmura doucement Martial, j'abandonnerais mon père et ma mère, mon pays et ma fortune pour aller vivre avec une femme dans le désert, parce que j'emporterais le paradis dans mon cœur.

— Oh! comme je vous reconnais avec vos phrases toutes faites!

Un autre diacre était venu lire l'évangile :

« En ce temps-là, les Pharisiens s'approchè-
« rent de Jésus pour le tenter.

« Ils lui dirent :

« Est-il permis à un homme de quitter sa
« femme? »

« Il leur répondit :

« N'avez-vous point lu que celui qui créa
« l'homme dès le commencement, le créa homme
« et femme pour qu'ils soient deux dans une
« seule chair? Que l'homme ne sépare point ce
« que Dieu a uni. »

— Ainsi, dit Jeanne, avec un triste sourire, vous n'avez pas cru aux paroles de l'Évangile. Vous avez séparé ce que Dieu avait uni.

Martial regarda Jeanne avec ses beaux yeux profonds et lumineux.

— Dieu m'est témoin, lui dit-il, que depuis que je vous ai perdue, je ne cherche qu'à vous retrouver; soyez bonne comme vous êtes belle, pardonnez-moi puisque nous sommes dans une église, laissez-moi espérer encore que ce qui a été séparé sera réuni.

Les âmes les plus fières s'humilient en face de l'autel; dès qu'on entre dans une église on sent que Dieu seul est grand et que les événements de ce monde ne sont que des infiniment petits. Certes, dans un salon, Mlle d'Armaillac eût continué à regarder Martial du haut de son dédain et du haut de sa vengeance; mais là, à quelques pas de son amie qui se mariait, elle sentit fondre ses neiges inaccessibles; son œil avait rencontré l'œil de Martial; elle vit son âme : cette fois il ne voulait pas la tromper; aussi elle ne lui marchanda pas l'espérance, elle lui dit ce seul mot :

— Il y a longtemps que ma mère nous attend.

Quand Martial sortit de l'église, son cœur chantait *Alléluia*.

— Ah! dit-il, il est souvent plus difficile de triompher d'une femme la seconde fois que la première. Jeanne s'est donnée à moi comme maîtresse, il m'a fallu la conquérir comme femme.

Il allait devant lui, avec la joie dans l'âme, marchant allégrement et remerciant le ciel, mais il s'arrêta tout à coup en disant :

— Et Aubépine!

Mlle d'Armaillac était restée agenouillée à sa place après le départ de Martial, sans se hâter, comme toutes ses voisines, de suivre le flot des curieuses jusqu'à la sacristie.

Quoiqu'elle fût au milieu de la foule, elle se sentait seule en face de Dieu ; son cœur était si content, que des larmes de joie tombaient de ses yeux.

— Oh! mon Dieu, murmura-t-elle, je vous remercie! vous nous avez réconciliés! Vous seul, ô mon Dieu! pouviez faire ce miracle.

En effet, il fallait cette rencontre dans l'église pour que Mlle d'Armaillac brisât sa fierté devant M. de Briançon. Jamais, dans le monde, elle ne se fût humiliée jusqu'à lui pardonner. Il lui sembla que c'était devant Dieu seul qu'elle avait sacrifié son orgueil à son amour.

Tel était l'empire que Martial avait repris sur elle, qu'elle oublia, jusqu'à sa sortie de l'église, sa promesse de mariage à M. de Cormeilles. Quand ce souvenir lui revint elle tressaillit et s'arrêta court, à peu près comme M. de Briançon s'était arrêté à la pensée d'Aubépine.

— Il est trop tard, dit-elle, je suis maudite,

puisque je ne puis être heureuse. M. de Cormeilles m'aime et je ne l'aime pas ; mais je lui ai dit que je serais sa femme et je ne puis épouser Martial.

Quand Jeanne rentra chez elle, elle se jeta au cou de sa mère.

— Oh ! maman, quel malheur ! Martial va venir te demander ma main ; mais je ne puis pas épouser Martial puisque je dois épouser le marquis de Cormeilles... et je ne puis épouser le marquis de Cormeilles puisque j'aime Martial...

Par ce mot Jeanne renversait toutes les espérances de sa mère.

Mme d'Armaillac avait été ravie de voir sa fille se décider à donner sa main à M. de Cormeilles, un gentilhomme riche et un homme à la mode; Mme de Tramont avait déjà crié ce mariage par-dessus les toits comme une victoire de sa jeune amie : Ce serait encore un scandale si Mlle d'Armaillac allait refuser.

VIII.

LES LARMES D'AUBÉPINE.

Un matin Mlle Larochette, surnommée Forte-en-Geule, rencontrant Mlle Aubépine, lui dit à brûle-corsage :

— Eh bien ! ma belle amie, nous voilà drôlement retroussées, il paraît que nos deux amants épousent de la main droite et de la main gauche cette bégueule qui s'appelle Mlle d'Armaillac.

— Nos deux amants ?

Aubépine ne comprenait pas.

— Oui, ma chère, ni plus ni moins, M. le marquis de Cormeilles, comme M. le comte de Briançon. Mais rassure-toi, je vais mettre des bâtons dans les roues de son huit-ressorts à cette demoiselle.

Mlle Forte-en-Gueule continua longtemps sur ce ton, éclatant en imprécations et en saillies, tandis qu'Aubépine, frappée au cœur, ne trouvait plus un mot à dire ; elle savait la passion de Martial pour Jeanne; c'était la seule femme qu'elle craignît. Déjà elle avait dit à son amant : « Ton amour pour Mlle d'Armaillac est comme une blessure qui se rouvre toujours. »

Ceci se passait au château de Madrid, où ces dames aiguisaient leur appétit vers six heures, avant d'aller dîner au pavillon d'Ermenonville. Le coup fut si terrible pour Aubépine qu'elle rentra chez elle au lieu d'aller dîner, quoiqu'elle fût attendue. M. de Briançon lui avait dit qu'il ne la verrait que vers minuit, mais elle espérait vaguement le rencontrer, soit dans l'avenue des Champs-Élysées, soit sur le boulevard des Italiens, où elle ordonna à son cocher de la conduire.

Elle ne le rencontra pas. A sept heures et demie elle franchit le seuil de son petit hôtel avec la mort dans l'âme. Il n'était pas venu. Il n'avait pas écrit. Naturellement elle prit une plume et du papier, tant sa douleur débordait :

« Mon Martial,

« N'est-ce pas que c'est impossible ! n'est-ce
« pas que c'est un mensonge ! On me dit que tu
« te maries? je n'y crois pas et pourtant je suis
« tout en larmes. Ce serait ma mort, vois-tu :
« on meurt de ton amour; rappelle-toi Margue-
« rite Aumont. Tu ne peux pas faire cela !
« N'as-tu donc pas pensé à moi? Quand tu m'as
« prise dans les Champs-Élysées j'étais heureuse
« sans amour, aujourd'hui sans toi je serais la
« plus malheureuse des malheureuses. Tu auras
« pitié de moi, tu auras pitié de mon cœur. Et
« d'ailleurs, l'amour a ses droits. Je puis dire
« que je ne *veux pas*, car tu es à moi. T'ima-
« gines-tu donc que je te quitterais pour un
« prince ou pour un million ! Je ne sais pas
« pourquoi je t'écris, je suis folle, puisque cette
« lettre ne te trouvera pas chez toi et que tu
« viendras à minuit C'est que je n'aurai peut-
« être pas le courage de te dire tout cela. Et
« puis, si tu étais là, un seul mot me désarme-
« rait, tandis que cette lettre te forcera bien de
« t'expliquer. Ah ! Martial, ne me tue pas !

« Ton Aubépine

« rose hier et blanche aujourd'hui. »

Là-dessus Aubépine alla embrasser ses inséparables.

— Hélas! dit-elle, ce n'est plus *lui et moi!* Moi je suis morte, lui se console avec une autre !

Elle envisagea face à face sa vie sans Martial. Que ferait-elle ? Elle n'était pas en peine de retrouver un amant ou deux amants. Il y avait assez de gens sur le turf qui n'attendaient qu'un signal pour lui donner beaucoup d'argent.

— Mais c'est là que l'argent ne fait pas le bonheur! dit-elle. On peut être heureux avec l'argent quand on n'aime pas, mais c'est un supplice d'être payée par un homme qu'on hait. Et je sens bien que je haïrais celui qui prendrait la place de Martial. Plutôt mourir cent fois !

La plupart des femmes disent cela ; mais ce sont des paroles arrachées par le chagrin, dans l'inconscience des larmes. Presque toutes se relèvent de cet abattement par la vengeance, par l'amour de vivre, par les grâces d'état. Mais Aubépine était de bonne foi, elle osait regarder la mort de près, comme une consolation romanesque.

IX.

LA PAROLE DE DIEU.

Mademoiselle Fleur du Mal, qui s'était montrée si discrète avec Mlle d'Armaillac, qui ne l'avait saluée du regard au bois ou au théâtre que lorsque Jeanne la regardait avec sympathie, vint encore à son secours contre le marquis de Cormeilles. Voici comment :

On sait qu'à Paris les meilleurs maris du lendemain n'abandonnent guère leur manière de vivre avant la cérémonie : ils continuent à suivre le torrent sans rien changer à leurs habitudes. Plus d'une fois le marquis de Cormeilles avait fait un doigt de cour à la dragonne à Mlle Fleur du Mal. Elle eut l'art de se mettre sur son chemin. Il fut surpris et charmé de ses œillades. Il n'y résista pas, si bien que, sur une lettre de Fleur du Mal, il répondit par un joli billet non signé, mais qui valait bien un billet de banque. Aussi Fleur du Mal accourut-elle, en toute joie, chez Mlle d'Armaillac, en lui remettant les pièces du procès.

Quand M. de Cormeilles vint faire ses visites quotidiennes, Jeanne lui fit présenter ces pièces sous enveloppe, par le valet de chambre, en lui faisant dire qu'elle ne pouvait le recevoir.

Le marquis comprit; il revint une heure après, mais il ne fut pas reçu; il écrivit, mais on ne lui répondit pas. Le tour était joué.

Mlle d'Armaillac avait accepté de lui une bague de fiançailles, elle la lui renvoya, en le priant de la donner à Mlle Fleur du Mal, ce qui fut fait à la grande joie des deux femmes.

— Décidément, dit Jeanne, Fleur du Mal est ainsi nommée par antiphrase. Je ne l'appellerai plus que Fleur du Bien.

Il lui fut donc permis de croire au bonheur. Dès le lendemain, c'était Martial qui faisait la visite quotidienne chez Mme d'Armaillac. On ne perdit pas de temps à la publication des bans.

— Il y a deux siècles que j'attends, disait Martial.

— Et moi, disait Jeanne, il y a bien plus longtemps, car il y a deux ans.

. . . .

Le mariage se fit sans bruit ; c'était au temps des chasses, il n'y avait personne à Paris — du *tout Paris.*

On envoya des lettres de faire part pour annoncer que le mariage avait eu lieu. La bénédiction nuptiale fut donnée à la Trinité, à huit heures du matin. Il n'y avait de présents que les témoins avec Mme d'Armaillac et Mme de Tramont.

Il y avait aussi, dans un coin de l'église, priant de bon cœur, Mlle Fleur du Mal.

J'oubliais. Il y avait une femme voilée qui ne priait pas.

Jamais Mlle d'Armaillac n'avait été si profondément religieuse, elle comprenait qu'il fallait que Dieu fût avec elle.

Mais quiconque ici-bas s'approche du bonheur, n'ose plus faire un pas sans lever les yeux au ciel. Martial lui-même qui raillait toujours était dominé par la majesté de ce sacrement du mariage, que tant de sceptiques ont bravé, parce qu'ils n'ont jamais été touchés de la grâce.

Aussi M. de Briançon suivait-il des yeux,

comme Jeanne, dans le livre d'heures de la mariée, ces versets bibliques :

« Faites que le joug de l'époux soit un joug
« d'amour et de paix.

« Faites que chaste, elle se marie en Jésus-
« Christ. Qu'elle soit douce à son mari, comme
« Rachel ; qu'elle soit chaste comme Rébecca ;
« qu'elle soit fidèle comme Sarah ! Faites qu'at-
« tachée à son mari, elle ne souille le lit nuptial
« par aucun commerce illégitime ; faites qu'elle
« obtienne, dans sa pudeur, une heureuse fécon-
« dité ; faites que les épousés voient tous les
« deux les enfants de leurs enfants jusqu'à la
« troisième et quatrième génération. »

Jeanne remercia Dieu avec effusion de l'avoir ramenée à la sainteté et à la vérité de la vie. Martial reconnut qu'on n'entre pas impunément dans l'Église : On y retrouve la lumière perdue et la force de bien faire.

Il n'y a pas de stoïcisme antique qui vaille une parole de Jésus-Christ, parce que le sentiment vaut mieux que la raison, parce que ce qu'il y a de meilleur dans l'esprit humain, c'est encore l'esprit divin.

X.

LE POIGNARD.

Martial et Jeanne ne remarquèrent pas, en allant à la sacristie, la jeune fille voilée, appuyée contre un pilier, qui était là comme au cinquième acte d'un drame. A travers son voile on voyait sa pâleur. Celle-là n'alla pas à la sacristie, car celle-là n'avait pas été invitée à la messe. Vous avez déjà reconnu Aubépine. Elle sortit par une porte latérale et gagna sa voiture qui l'attendait rue de Clichy.

Au moment de monter, ses yeux furent attirés par une boutique de curiosités. Comme toutes les femmes qui refont leur éducation, elle avait pratiqué les styles des ameublements, des porcelaines, des faïences et des argenteries.

Était-ce donc pour enrichir son étagère qu'elle entra chez le marchand de curiosités ?

— Madame, dit-elle en ouvrant la porte, j'ai une très-jolie collection de stylets du XVIe siècle, n'avez-vous rien de ce temps-là ?

On lui montra des poignards, des dagues, des couteaux.

Elle prit tout de suite un poignard florentin d'un fort beau travail.

— Madame, lui dit la marchande, on m'a assuré que ce poignard a été ciselé par Benvenuto Cellini.

Aubépine qui avait le sentiment de l'art sourit amèrement et murmura : « Tant mieux ! » Et elle pensa qu'elle ne voulait pas frapper d'un coup de couteau vulgaire.

Une demi-heure après, Aubépine arrivait au Parc-des-Princes devant un hôtel où Martial et Mlle d'Armaillac devaient venir à minuit au retour d'une promenade à Saint-Germain.

Mme de Tramont avait marqué tous les plaisirs de la journée heure par heure ; c'était elle qui avait conseillé la nuit des noces au Parc-des-Princes, dans l'hôtel d'une de ses amies, depuis longtemps absente ; elle avait poussé la solicitude jusqu'à s'occuper de la chambre nuptiale pour s'assurer qu'il ne manquerait rien au bonheur des épousés.

Aubépine ne savait pas bien comment elle pourrait pénétrer dans cet hôtel ; elle avait emporté une poignée d'or, ayant reconnu que de tous les passe-partout, c'était là le meilleur.

En arrivant à l'hôtel elle s'écria :

— Oh ! quel bonheur !

Il y a des bonheurs relatifs. Le bonheur pour elle en cet instant, c'est qu'elle vit sur la grille : — *Hôtel à louer.*

Aussi sonna-t-elle avec un sourire.

— Est-ce que vous êtes de la noce ? lui demanda le concierge.

Aubépine faillit ne pas répondre.

— Oui, et non, dit-elle enfin : je connais un peu la mariée et beaucoup le marié ; mais ce qui m'amène surtout, c'est que je sais que l'hôtel est à louer et que je veux le louer.

— Douze mille francs, dit le concierge en regardant Aubépine, pour savoir s'il fallait se rabattre sur dix mille francs.

— C'est mon prix, dit-elle. Voyons-le :

— Oh ! par exemple, pour aujourd'hui, c'est

impossible. Après-demain à la bonne heure.

— Il n'y a pas de fête sans lendemain, pensa Aubépine. C'est que Martial — et sa femme — veulent passer ici la journée de demain. —Je sais bien ce qui vous retient, dit-elle, en donnant cinq louis au portier; vous ne voulez pas qu'on entre dans la chambre nuptiale. Mais nous n'en dirons pas un mot.

Le concierge ne savait encore s'il devait prendre ou refuser les cinq louis.

— Allons, allons, continua Aubépine, si vous ne voulez pas me montrer la chambre nuptiale, vous ne me la montrerez pas.

— Eh bien! dit le concierge, profitons de ce que la femme de chambre de la mariée n'est pas encore arrivée.

Aubépine jeta un coup d'œil rapide sur le rez-de-chaussée de l'hôtel. Quand on fut au premier étage devant la chambre destinée aux épousés, le portier voulait ne pas ouvrir.

— Allons, allons, dit Aubépine en donnant cinq louis de plus.

— C'est vrai que c'est la plus belle chambre et qu'il faut bien que madame la voie : dans l'intérêt du propriétaire je vais ouvrir.

C'était une chambre à coucher tendue de damas bleu, avec un lit à deux faces sur une estrade; en face du lit la cheminée avec une grande glace de Venise; de chaque côté du lit, une fenêtre; derrière le lit, deux cabinets de toilette sous portières.

Aubépine pensa qu'il lui serait très-facile de se cacher dans un des cabinets de toilette, car elle avait son dessein bien arrêté.

— Monsieur, dit-elle au concierge, plus je vois cet hôtel, plus je suis décidée à y finir mes jours; tout me plait ici, la cour, l'hôtel et le jardin.

Et avec un soupir :

— Cette chambre à coucher est délicieuse avec ces tentures bleu de ciel. Comme on doit être heureux de dormir ici !

Aubépine remonta en voiture en demandant au concierge à quelle heure devait venir la femme de chambre de la mariée.

— Ce soir seulement, après dîner, peut-être pas bien longtemps avant sa maîtresse, car elle m'a dit que tout était en ordre pour cette première « réunion. »

Quand Aubépine fut de retour dans son petit hôtel, elle se mit sérieusement à son testament.

Elle n'avait pas une fortune à léguer, mais elle avait beaucoup de riens charmants qui feraient la joie de ceux à qui elle aurait pensé. Elle n'oublia ni Martial ni Jeanne. Elle donna à la mariée un livre d'heures avec la lettre A en relief sous une couronne de comte. Aubépine, Armaillac, n'était-ce pas la même lettre? Elle donna à Martial son portrait à peine ébauché par Madrazzo, un vrai coup de soleil. Aucune de ses amies ne fut oubliée, non plus que sa femme de chambre.

Quand elle eut signé, elle feuilleta des lettres dans un coffret d'ébène où elle les couchait avec amour. C'étaient des lettres de Martial; mais sous ces lettres, il y en avait encore une de Mlle d'Armaillac.

— Ah! s'écria-t-elle, comme elle l'aimait aussi dans ce temps-là! Mais je suis sûre qu'elle ne l'aime plus comme je l'aime!

Elle réfléchit que cette lettre de Jeanne témoignait contre elle.

— Hélas! dit-elle, elle témoigne surtout contre moi. Je n'ai fait qu'une mauvaise action dans ma vie, ç'a été de prendre à Martial les lettres de Mlle d'Armaillac.

Elle mit la dernière lettre sous enveloppe à l'adresse de sa rivale.

Après avoir remué ces souvenirs, Aubépine ouvrit un petit cahier où M. de Briançon avait écrit entre deux bouffées de cigare quelques pages de sa vie. Ce n'est pas la première fois qu'elle lisait ces fragments. Elle relut encore ces deux alinéas :

« Hier, c'est à peine si je puis le croire, une jeune fille du monde, du meilleur monde, que j'avais rencontrée en valsant, est venue se jeter dans mes bras avec abondance de cœur, se donnant à moi corps et âme, comme si j'étais digne d'elle. Je suis effrayé de cette bonne fortune ; qu'en arrivera-t-il ?

« J'avais bien prévu que Mlle XXX apporterait le drame dans ma vie. La pauvre fille ! Avant-hier, comme je rentrais avec Marguerite Aumont, je l'ai trouvée couchée sur mon lit, empoisonnée et frappée d'un coup de poignard. Je me demande encore si ç'a été un rêve. Oh ! les caprices du cœur humain ! Oh ! les mystères de l'amour ! Je ne l'aimais pas avant cette tragédie, maintenant je voudrais mourir pour elle. Ah ! comme elle était belle et touchante dans sa pâleur de marbre. La mort a une rude puissance sur l'amour. Une révolution s'est faite en moi, je n'aime plus Marguerite Aumont, j'aime Mlle XXX. »

Aubépine avait relu deux fois ces lignes.

— Oui, oui, quand je serai morte, il m'aimera, murmura-t-elle. Et s'il ne m'aime pas, il ne pourra pas m'oublier.

Elle appela sa femme de chambre.

— Hortense, vous irez chez ma lingère ; vous lui direz de venir m'habiller à huit heures et non à dix heures comme c'était convenu.

— Est-ce que madame sort ce soir?

— Oui, vous viendrez peut-être avec moi.

— Où madame ira-t-elle?

— Vous le verrez bien.

Aubépine, qui s'était levée, s'approcha d'un portrait de Martial qui le représentait bien dans son éternelle raillerie.

— Hélas! dit-elle, quand je pense que j'ai cru au lendemain avec cet homme-là!

XI.

LE LIT NUPTIAL.

Omme l'avait décidé Mme de Tramont, dès que la mariée sortit de l'église, elle alla revêtir un costume de voyage et partit avec M. de Briançon pour Saint-Germain. Et ce fut un voyage charmant. C'était la première fois que Mlle d'Armaillac sentait Martial tout à fait à elle ; aussi son front rayonnait. Ce rêve, si souvent recommencé, s'achevait donc enfin dans la réalité ! C'était le bonheur, puisque le bonheur n'existe qu'à deux. Elle était bien à lui, il était bien à elle. Toutes les douleurs du passé s'étaient adoucies jusqu'à devenir savoureuses ; car les jours de joie, les souvenirs les plus tristes, répandent un charme ineffable. Plus d'une fois on se disait dans le wagon: « Te souviens-tu? » Et on s'embrassait des yeux. Et on revivait de tous les sentiments passés en parlant de l'avenir.

— Que de temps perdu ! disait Martial.
— Que de temps perdu ! disait Jeanne.

Desgrieux, qui avait promis le mariage à Manon, enseignait combien il était doux de frauder les droits de l'Église; Martial n'avait plus à frauder les droits de l'Église, mais il trouva tout aussi doux de surprendre des baisers permis sous les trois tunnels qu'on rencontre de Paris à Saint-Germain. Je crois même qu'au troisième tunnel ce fut Jeanne qui appela le baiser.

Elle connaissait, hélas! toute la saveur des joies défendues ; quoique cette fois elle fût bien mariée par-devant les hommes et par-devant Dieu, il lui semblait voler encore son bonheur.

A Saint-Germain, Martial commanda à dîner pour sept heures. Il avait télégraphié pour avoir le landau d'un de ses amis, qui était en villégiature sur la montagne ; on partit donc pour la forêt, pour se trouver en pleine solitude.

Dès qu'on fut sous l'arbre de saint Louis, —

qui a des arbres partout — on se promena à pied. L'amour n'aime pas les témoins. On s'enfonça dans les plus sombres avenues, comme pour se cacher du ciel lui-même. Sans doute on s'embrassa encore. Il faut bien mettre des points d'admiration à la causerie.

Si la promenade fut très-sentimentale, le dîner fut très-gai. Quand une mariée se trouve en face de son mari, le jour des noces, elle est quelque peu emmitoufflée dans son innocence. Elle a des airs de rosière qui ont bien leur charme, mais qui ne sont pas engageants. A chaque mot la conversation est suspendue; on pense au dénoûment de la journée avec un sentiment plus familial qu'amoureux. Mais ici on n'en était pas là. La glace était brisée; on avait franchi le Rubicon; si on était revenu en deçà, on n'était pas inquiet pour le franchir encore. On s'abandonnait donc au plaisir d'être ensemble sans aucune inquiétude pour le soir ni pour le lendedemain. Il ne devait pas y avoir d'imprévu.

Ce fut vers onze heures et demie qu'on alla au Parc des Princes, sans prendre le chemin de fer, avec les chevaux qui avaient déjà promené les époués dans la forêt. Ce retour de Saint-

Germain fut charmant au clair de la lune, sous les millions d'étoiles allumées.

— Voilà le vrai feu d'artifice, dit Jeanne.

— Oui, ajouta Martial, il n'en faut pas d'autres pour la nuit des noces.

Jeanne trouva le portier sous les armes, mais la femme de chambre était profondément endormie dans le petit salon. Elle fut si difficile à réveiller que Mlle d'Armaillac fut quelque peu surprise de ce sommeil inaccoutumé, car ce n'était pas une dormeuse.

— Après tout, dit Martial, nous n'avons que faire d'elle, je vous déshabillerai bien moi-même.

Jeanne faillit dire: « Ce ne serait pas la première fois. »

Mais le sacrement du mariage l'avait ramenée à sa pudeur primitive.

— Non, dit-elle, vous ne me déshabillerez pas, monsieur mon mari; j'exige même que vous ne veniez dans ma chambre que quand je sonnerai.

Martial était décidé à toujours obéir.

— Soyez sûre, ma belle Jeanne, que je dirai toujours : Que votre volonté soit faite! Je veux que ma volonté se brise contre la vôtre... même quand je t'aimerai trop...

Martial avait embrassé Jeanne qui s'était avancée seule vers la chambre à coucher.

Pour lui, il redescendit sur le perron pour tuer le temps avec un cigare.

Il se passa tout un quart d'heure sans que Jeanne l'appelât. Il attendit cinq minutes encore et remonta à pas de loup pour écouter à la porte : il n'entendit rien. Sans doute les pas de Mlle d'Armaillac étaient étouffés par le tapis de Perse de la chambre à coucher? d'ailleurs elle était peut-être encore dans le cabinet de toilette ?

Il frappa trois coups, comme un homme impatient. On ne répondit pas. Il alla frapper plus loin au mur correspondant au cabinet de toilette. On ne répondit pas. Il se décida à entrer.

Le premier spectacle qui le frappa, ce fut une femme couchée sur le lit, vêtue en robe de mariée et portant sur ses cheveux épars une couronne de fleurs d'oranger.

. . . .

Sa première pensée fut que Mlle d'Armaillac, toujours romanesque, avait voulu lui donner ce spectacle.

La chambre était fort peu éclairée par deux bougies roses qui brûlaient sur la cheminée.

Martial fit un pas. Cette fois il fut épouvanté et poussa un cri.

La femme couchée avait du sang à son corsage.

. . . .

— Oh! mon Dieu! pensa Martial, en portant la main sur ses yeux et ne se sentant pas la force d'avancer, tout ce bonheur promis n'était qu'un rêve! Ce mariage, pour elle, n'était qu'une réparation. Une seconde fois elle a voulu mourir; — mourir de sa faute! — elle s'est punie elle-même dans son bonheur!

Martial n'aurait pas eu le temps de se dire ceci. J'essaye d'exprimer la pensée rapide qui traversa son esprit. Il s'était arrêté à peine une seconde dans son épouvante; il se précipita vers le lit, mais il trébucha contre une femme évanouie que lui avait masquée l'estrade.

C'était à perdre la tête.

Il était tombé agenouillé, à côté de la femme évanouie. Il reconnut alors Mlle d'Armaillac!

— Jeanne, cria-t-il! Jeanne! dites-moi que vous n'êtes pas morte! Jeanne, reviens à toi!

— Non, mon ami, dit Jeanne doucement, car elle reprenait connaissance, non, mon ami, je ne suis pas morte, mais c'est bien pis!

Martial, soulevant sa femme dans ses bras, ne doutait pas que celle qui était sur le lit ne fût Aubépine! « La pauvre enfant, pensa-t-il, je ne la croyais pas si folle! »

Quand il fut debout, il prit Aubépine dans ses bras, comme s'il espérait qu'elle ne fût pas morte.

Mais celle-là ne s'était pas manquée! Elle avait frappé juste.

— C'est impossible, dit-il.

— Oui, c'est impossible, dit Mlle d'Armaillac, qui s'était traînée jusqu'au lit. Je crois que je suis folle et je me demande si ce n'est pas moi qui suis là, morte d'un coup de poignard.

Les mariés se regardèrent comme pour se demander si le bonheur était encore possible après une pareille première nuit de noces!

Martial avait sonné, sans bien savoir pourquoi, puisqu'on ne pouvait plus secourir Aubépine et puisqu'il ne voulait pas appeler la curiosité sur cet horrible mystère. Cette fois la femme de chambre vint, à peu près réveillée, se croyant appelée par sa maîtresse. Martial lui dit :

— Cette femme que je trouve morte sur ce lit, quand est-elle venue?

— Je ne sais pas, dit la femme de chambre.

Je me suis endormie bien malgré moi dès que je suis arrivée ici. Je comprends maintenant pourquoi on m'a forcée de dîner à Boulogne.

— Et qui donc vous a forcée de dîner à Boulogne?

— Une femme de chambre de mes amies, qui voulait me distraire jusqu'à votre arrivée.

— Pauvre Aubépine, dit encore Martial, elle a bien joué sa vengeance!

. . . .

Il regardait, en cachant à Jeanne la désolation de son cœur, cette adorable figure blanchie par la mort.

Tout en serrant la main d'Aubépine, il serra la main de Jeanne, en lui disant :

— Nous partirons pour l'Italie. — Nouveau pays, nouvelle vie! — Il faut que ce tableau s'efface de nos yeux.

— Je n'oublierai pas! dit tristement Jeanne.

Elle était presque aussi blanche que la morte. Elle regardait Aubépine avec terreur. Tout d'un coup elle éclata en sanglots et l'embrassa tout en larmes avec un cri du cœur, comme si elle se fût retrouvée elle-même.

. . . .

— Oh! mon Dieu! mon Dieu! dit Martial avec désespoir, j'ai semé le désordre et je n'ai recueilli que du sang et des larmes.

Et, se retournant vers Jeanne :

— Pourquoi n'ai-je pas commencé par où je finis !

Et comme en toute chose, même dans ses heures les plus tristes, il trouvait le mot philosophique, il dit : *Être ou n'être pas aimé !* comme Hamlet avait dit : *Être ou n'être pas !*

Don Juan est aimé, les amoureux transis ne le sont pas. — Aimer et n'être pas aimé, ce n'est pas vivre. — Aimer et être aimé, c'est vivre deux fois, dans toutes les joies et toutes les angoisses de la passion. Il faut donc être aimé coûte que coûte !

XII.

LE DIABLE AMOUREUX.

PENDANT que ces réflexions passaient avec la rapidité de l'éclair dans l'âme de Martial, Jeanne, qui se croyait en proie à un horrible rêve, vit apparaître le marquis de Satanas.

Ce fut l'apparition de la *Statue du Commandeur*.

Elle tomba agenouillée sur l'estrade. Il lui sembla entendre le rire du diable.

Elle fit le signe de la croix.

— Avec moi, lui dit le diable, en lui brûlant les cheveux d'un baiser, avec moi, l'*amour* c'est l'*enfer*. Mais sans moi, l'*amour* ce n'est pas le *paradis*.

FIN DU QUATRIÈME ET DERNIER VOLUME.

TABLE
DU QUATRIÈME VOLUME.

LIVRE XXI.
POURQUOI MADEMOISELLE D'ARMAILLAC ALLA A VENISE. 1

LIVRE XXII.
LES NOCTAMBULES. 31

LIVRE XXIII.
DE LA BEAUTÉ ET DE L'ART D'ÊTRE BELLE. 91

LIVRE XXIV.
LA DAME AUX DIAMANTS. 111

LIVRE XXV.
MADEMOISELLE DE MONVILLE. 155

LIVRE XXVI.
HISTOIRES PARISIENNES. 191

LIVRE XXVII.
LE DERNIER AMOUR DE LA PRINCESSE. 293

LIVRE XXVIII.
LE DERNIER ACTE DU DRAME. 313

DE L'IMPRIMERIE EUGÈNE HEUTTE ET Cie, A SAINT GERMAIN.

www.ingramcontent.com/pod-product-compliance
Lightning Source LLC
Chambersburg PA
CBHW052044230426
43671CB00011B/1778